Anita Höhne

DIE SCHÖNSTEN

BADESEEN

IN MÜNCHEN UND UMGEBUNG

Aktualisierte Neuauflage mit Superservice:
Infos über Wasserqualität, Badeplätze, Einkehrmöglichkeiten, Sport
Aktuelle Karten zu jedem See

SÜDWEST

Inhalt

Naturidyll am Steinsee

Ruderboote am Walchensee

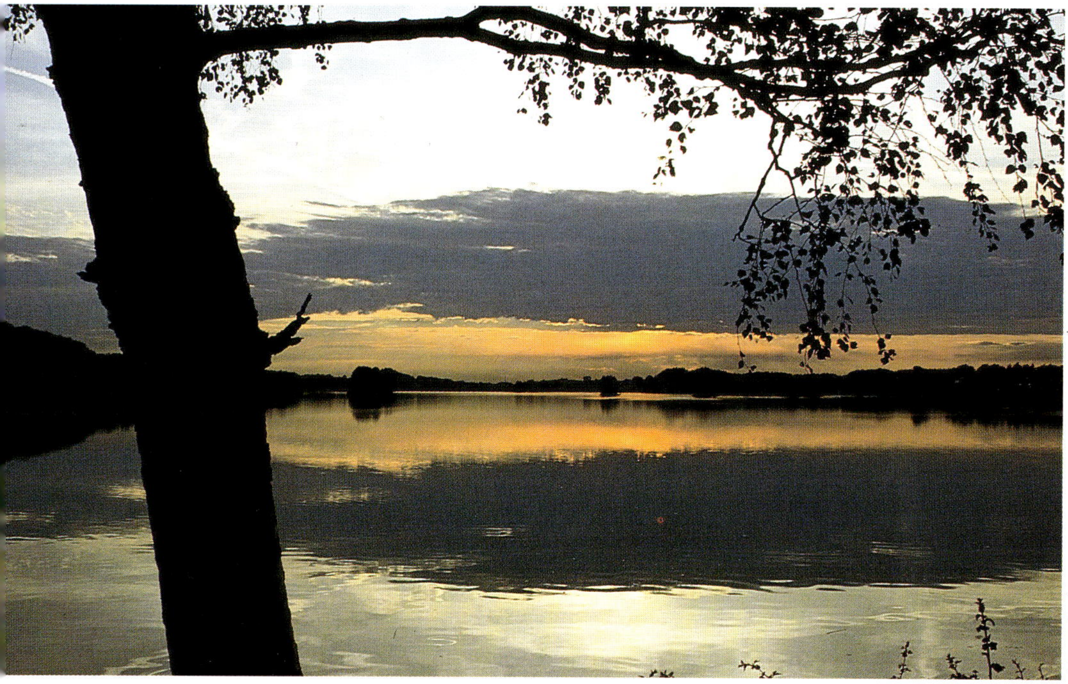

Abendstimmung am Seehamer See

Vorwort

Rechte Seite:
Ein Blick auf den Tegernsee
bietet typisches bayerisches
Voralpenflair.

Wer träumt nicht an regenverhangenen, kalten Tagen von sommerlichen Badefreuden in warmen, kristallklaren Seen, von lauschigen Biergärten unter weiten Kastanien oder verborgenen Grillplätzen, wo man so ganz unter sich sein darf.

Ein Traum, der dann im Sommer sehr schnell zum Alptraum werden kann mit schweißtreibender, entnervender Anfahrt in Blechlawinen, der bis zur Verzweiflung reichenden Suche nach einem Parkplatz, mit quängelnden Kindern auf den Rücksitzen. An den Ufern dann eine quirlende Menge von lärmenden Badegästen. Mit Surfern, die bis ins flache Wasser preschen. Mit von Sonnenöl triefenden Warteschlangen vor winzigen Imbißständen. Mit dem penetranten Grillqualm des nur zwei Meter entfernten Badehosen-Nachbarn.

Das alles muß nicht sein.

Dieses Buch beschreibt die schönsten Badeseen in und rund um München in der näheren und weiteren Umgebung. Es beschreibt, was den Wochenend-Freizeitler an den einzelnen Gewässern erwartet, von Sportmöglichkeiten über Kinderspielplätze bis zu Gastronomie, von Wandermöglichkeiten bis zu Sehenswürdigkeiten. Von Trubel bis zu Abgeschiedenheit. Jeder kann sich heraussuchen, was für ihn am besten zutrifft.

Es gibt in der Umgebung von München auch eine ganze Reihe von Seen, die weniger zum Baden als zum Wandern einladen. Meist liegen sie mitten in Naturlandschaften mit seltenen Vogel- und Pflanzenarten. Dem Naturfreund bieten sich wahre Paradiese wie zum Beispiel am Egglburger See, Maisinger See, Königssee oder am Soinsee.

Besonders wichtig ist zu wissen, ob der Bade- oder Wandersee in einem Landschafts- oder Naturschutzgebiet liegt. Dann sind ganz bestimmte Vorschriften zu beachten. So kann zum Beispiel das Verlassen von eigens markierten Wegen etwa in geschützten Moorgegenden empfindlich teuer werden. Deswegen eine große Bitte: Lesen Sie die allgemein gültigen Vorschriften für Badeseenbesucher. Sie stehen auf Tafeln, die an fast jedem Badesee aufgestellt sind. So kann der sommerliche Spaß noch über Jahrzehnte für alle erhalten bleiben.   *Anita Höhne*

Kinderparadies am
Unterschleißheimer See.

4

Badeseen in München

Im Feringasee fühlen sich auch die Kleinsten wohl.

1

Langwieder See

ANFAHRT
• mit dem Auto über die
A8/Ausfahrt Raststätte
„Langwied"

PARKEN
Parkplätze am See

BADEN
Liegewiese bei der Rast-
stätte

WASSERQUALITÄT
sehr gut

FREIZEITMÖGLICHKEITEN
Ruderbootverleih, Mini-
golf, Rad- u. Wanderwege
durchs Dachauer Moos

EINKEHR
3 Kioske, Raststätte „Langwied" (mit Biergarten)

Ein Baggersee mit südländischem Flair: der Langwieder See. Von unseren italienischen Mitbürgern wird er deswegen auch „Lago Langwido" genannt. Ein richtiger Urlaubssee – mit dem saubersten Wasser aller Münchener Seen.

Der „Lago Langwido" oder Langwieder Badesee ist ein Baggersee im Nordwesten von München, entstanden aus dem Kiesabbau für die Autobahn München-Stuttgart. Er ist eine der beliebtesten Freizeitoasen der bayerischen Metropole.

An diesem See verbringen ganze Familien ihren Urlaub. Und das mit Recht: Der Langwieder See hat das mit Abstand sauberste Wasser aller Münchener Badeseen. Hier werden alle EG-Richtlinien sowohl chemisch als auch mikrobiologisch erfüllt.

Für saubere Qualität sorgt der Langwieder Bach. Hinzu kommt die Tatsache, daß es in den letzten Jahren keinerlei Schadstoffeinleitungen gegeben hat. Das reicht sogar so weit, daß am Nordufer des Badesees Laichgebiete eingerichtet werden konnten.

Aber das ging nicht ohne Verordnungen: So dürfen zum Beispiel jetzt keine Schiffsmodelle mehr, die mit Benzin betrieben sind, auf dem See ihre Runden drehen. Ihre großen Brüder, die Motorboote, sind natürlich auf dem mit 17,7 Hektar zweitgrößten Münchener See völlig ausgeschlossen.

Friedlich „parkende" Ruderboote im See statt wild parkender Autos am Ufer: eine Erholung für die Anwohner.

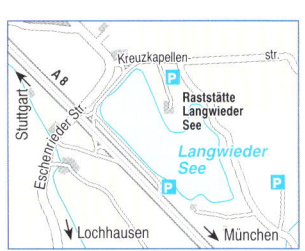

Mit einer Ausnahme: der Wasserwacht des Bayerischen Roten Kreuzes. Die Rettungsschwimmer sind in ihren Motorbooten binnen 90 Sekunden an jedem Punkt des Sees.

Trotz der hervorragenden Wasserqualität gibt es am Langwieder See auch kleine Ärgernisse: Badende, die unachtsam durch Laichgebiete schwimmen; kaum ein freier Platz zum Sonnenbaden – bis zu 30 000 Badegäste an heißen Sommertagen; Autos rund um den See; überfüllte Abfallkörbe, die natürlich Wespen anlocken und der ständige Geräuschpegel der nahe vorbeiführenden Autobahn nach Stuttgart.

Doch die hier gebräunten und damit eingefleischten Fans des „Lago Langwido" kann das nicht abhalten, immer wieder herzukommen. Sie genießen die Vorzüge rund um den See: Es gibt zwei Restaurants, drei Kioske, eine Minigolfanlage, einen reich bestückten Kahnverleih. Und es gibt wunderbare Wandermöglichkeiten in das Dachauer Moos, das sehr still etwas abseits liegt.

Nur wenige Meter nördlich des Langwiedersees entsteht zur Zeit ein neuer Grundwassersee, „Luß" genannt. Er ist ebenfalls 17 Hektar groß. Dieses Gewässer wird von der Autobahndirektion Südbayern und vom „Verein Erholungsgebiete e.V." in den Jahren 1998/99 zu einem weiteren Badesee ausgebaut. Mit eingebunden in die Planungen wurde als drittes Badegewässer der „Birkensee". Er liegt ca. 350 Meter nördlich des Lußsees und wird seit Jahren schon bebadet, obwohl jegliche Sanitäreinrichtungen dort bisher fehlen. Ab dem Jahr 2000 soll ein zusammenhängendes Naherholungsgebiet mit den genannten drei Seen zur Verfügung stehen.

Sorgloses Baden garantiert die Wasserwacht auf ihrer stündlichen Streifenfahrt.

2

Waldschwaigsee

Der urtümliche Waldschwaigsee ist fast noch ein Geheimtip. Ohne Sportanlagen und ohne asphaltierte Wege ist er wie geschaffen für Ruhe und Erholung.

Sein Name ist eigentlich irreführend. Denn der Waldschwaigsee zwischen Dachau und Karlsfeld liegt nicht etwa in einem Wald, sondern inmitten von Äckern. Das hat die Beliebtheit des Baggersees – er entstand bei der Kiesausbeute für die Bundesstraßen B 304 und 471 – keineswegs beeinträchtigt. Im Gegenteil, immer mehr Freizeitgäste, insbesondere aus dem Münchner Großraum, finden sich an diesem elf Hektar großen Gewässer ein. Was sie schätzen ist vor allem die Ruhe, denn Lärm ist hier zwar nicht verboten, aber so gut wie unbekannt. Das liegt sicher auch mit daran, daß auf oder neben dem 1,3 Hektar umfassenden Ufergelände keinerlei Sporteinrichtungen geschaffen wurden.

Fahren Sie zum Waldschwaigsee mit dem Fahrrad! Die Natur wird es Ihnen danken.

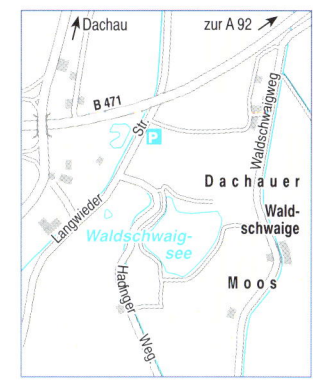

Trotz einer Besucherzahl von 1500 bis 2000 Gästen an Sommer-wochenenden ist der Waldschwaigsee noch so etwas wie ein Ge-heimtip. Sein ursprünglicher Charakter wurde von der Gemeinde Karlsfeld sorgfältig erhalten, indem auf gärtnerische Gestaltung so gut wie verzichtet wurde. Dafür gibt es wilde Wiesen und viel Schilf. Auch von asphaltierten Wegen sah die Gemeinde ab, dafür erwartet den Besucher eine wunderschöne 200 Meter lange Bir-kenallee. Sie wurde, ebenso wie eine dichtbewachsene Insel, in-zwischen unter Naturschutz gestellt. Auf der Insel brüten übrigens ganze Schwärme von Wildgänsen.

Daß diese kleine Idylle in einer Mooslandschaft nicht von einer Blechlawine überrollt wird, dafür sorgt schon ein sehr kleiner Parkplatz. Er könnte unmöglich im Sommer all die Wagen der Badegäste aufnehmen. Die Gemeinde appelliert deshalb: „Kom-men Sie lieber mit dem Fahrrad!" Auf eines sollte der Badegast am Waldschwaigsee unbedingt achten: Das Wasser ist zwar sehr klar, aber auch sehr kalt. Das liegt daran, daß der Baggersee mit zehn Metern ungewöhnlich tief ist und ziemlich schnell steil abfällt. Eltern sollten deshalb ihre Kinder nie unbeaufsichtigt lassen.

Das Wasser ist sehr kalt. Kinder nie unbeaufsichtigt baden lassen!

3

Karlsfelder See

ANFAHRT
• mit der S2 bis Karlsfeld, dann 2,5 km zu Fuß, Busse nur wochentags;
• mit dem Auto über die Dachauer Straße bis Ortsende Karlsfeld, dann beschildert

PARKEN
1900 Parkplätze (Gebühr DM 3,–)

BADEN
Liegewiese rund um den See

WASSERQUALITÄT
sehr gut

FREIZEITMÖGLICHKEITEN
Fußball, Tischtennis, Skattische, 2 Beach-volleyball-Felder

FÜR KINDER
2 Kinder-, 1 Abenteuerspielplatz

EINKEHR
Kiosk, Gaststätte „Seeblick"

SEHENSWÜRDIGKEITEN
Schloß Dachau

ACHTUNG
Keine Tiere, Grillen verboten!

Kinder- und Abenteuerspielplätze, Sommerstockbahnen und Wanderwege, Tischtennisplatten und Skattische – das Freizeitangebot am Karlsfelder See ist riesengroß.

Er ist einer der ungewöhnlichsten Baggerseen rund um München: der Karlsfelder See bei Dachau. Ganze Legenden umranken ihn. Fast schon wie Loch Ness. Da soll es doch tatsächlich ein Ungeheuer geben und so etwas wie versenkte Schätze. Vielleicht hat seine Größe mit einer Wasserfläche von 25 Hektar und einem Fischweiher von zwei Hektar etwas dazu beigetragen.

Badespaß an diesem Baggersee haben an heißen Wochenenden mitunter über 20 000 Besucher – und alle finden einen Platz. Die Liegewiesen allein umfassen 17 Hektar. Sie umgeben eine Uferlänge von drei Kilometern, die zum Wandern ausgebaut ist. Die Spazierwege in dieser Erholungsoase reichen fast fünf Kilometer weit. Außerdem gibt es zwei Kinder- und einen Abenteuerspielplatz. Wie da die Zwergerl nach einem Abenteuertag schlafen! Ein Bolzplatz mit zwei Fußballtoren, zwei Beachvolleyball-Felder, drei Sommerstockbahnen, 23(!) Tischtennisplatten und nicht zuletzt drei Skattische.

Ein Blick in die Geschichte des jungen Sees: Er entstand 1940 durch Kiesabbau für den damals schon geplanten Rangierbahnhof

Wer nicht nur faul am Strand liegen will: direkt neben dem Badegelände gibt es Sportanlagen.

12

im Münchner Norden. Der Krieg kam dazwischen und verhinderte den Bau. Erst nach Kriegsende gingen Planung und Bau weiter: Der Baggersee wurde dann zum Übungsplatz der Amerikaner für ihre Schwimmpanzer. Es ist so mancher untergegangen, aber Schätze sind deshalb nicht am Seegrund gelandet. Übrigens, es gibt auch kein militärisches Zubehör mehr im See.

Zweite Legende: das Ungeheuer. Das war 1967. Da hatte ein Dachauer einen jungen Alligator zum erfrischenden Bad mit an den Karlsfelder See genommen. Emil, so hieß das „Haustier", verschwand auf Nimmerwiedersehen und dürfte wohl – südliche Temperaturen gewöhnt – einen Sommer überlebt haben. „Emil" hätte es auch schwer in dem klaren Wasser. Der See wird im Süden mit Grundwasser versorgt, das am Nordende zwei Ausläufe findet. Das gesamte Seewasser erneuert sich damit im Monat einmal.

Sonnige Träume werden wahr in dieser gut besuchten Erholungsoase.

4 Ruderregattastrecke

Bei Oberschleißheim

ANFAHRT
• mit der S1 bis Ober-
schleißheim, dann zu Fuß;
• mit dem Auto über die
A92 oder B471 bis Ober-
schleißheim

PARKEN
großer Parkplatz sowohl an
der Regattastrecke als auch
am 200 m entfernten
Badesee

BADEN
Liegewiese an beiden Seen,
flacher Einstieg an der
Regattastrecke für Kinder
und Behinderte geeignet

WASSERQUALITÄT
sehr gut

FREIZEITMÖGLICHKEITEN
Rudern, am Wochenende
Bungeejumping

EINKEHR
mobile Imbißstände

SEHENSWÜRDIGKEITEN
Schloß Schleißheim

BESONDERHEIT
Sportparadies mit
Leistungszentrum für viele
Disziplinen

ACHTUNG
Im Regattasee auf Ruderer
und Kanuten achten!

Die Ruderregattastrecke wurde für die Olympiade 1972 angelegt – mit einem kleinen Eck für die Schwimmer. Mittlerweile gibt es aber gleich daneben einen richtigen neuen Badesee.

Jetzt auf 42 erhöhen", schallt es durch die „Flüstertüte" über den See. Das schlanke Boot schnellt über das glitzernde Wasser. Angetrieben von vier bärenstarken jungen Männern, die sich schweißtriefend in die Riemen legen und die Schlagzahl auf 42 in der Minute steigern. Der kleine Steuermann am Heck gibt den Takt an. Es ist eine Alltagsszene auf Münchens eigenartigstem Gewässer, der Regattastrecke Oberschleißheim.

Sie wurde eigens für die Olympischen Spiele von 1972 geschaffen. Hier kämpften Ruderer und Kanuten um Gold. Ihre Ausmaße sind olympisch. Bei einer Länge von 2230 Metern und einer Breite von 140 Metern bietet sie eine Wasserfläche von 19,3 Hektar.

Die Ruderregattastrecke verlangt viel Toleranz, sowohl vom Ruderer als auch vom Schwimmer.

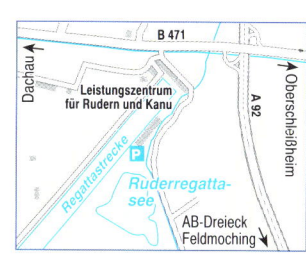

Da gibt es nicht nur die Ruderer, die hier täglich trainieren. In dem weitläufigen Leistungszentrum am nördlichen Teil der Regattastrecke treffen sich regelmäßig Leichtathleten, Volleyballer, Bogenschützen oder Radrennfahrer. Eigentlich ein Sportparadies, das aber nach den Olympischen Spielen für mannigfaltige Aufregung sorgte. So überschlugen sich Brecherwellen gleich die Meinungen, als es um die Frage ging, ob diese Wasseranlage auch für die Allgemeinheit geöffnet werden sollte. Denn schon Tausende von Münchnern hatten sich, sozusagen illegal eine glasklare Erfrischung suchend, in das meist recht kühle Regattanaß gestürzt. Nach heftigem Streit wurde schließlich eine 500 Meter breite Zone vor den Tribünen für die Schwimmer freigegeben. Sie müssen allerdings sehr genau auf Ruderer und Kanuten acht geben. Außerdem ist das kalte Wasser mit dem Einstieg über glitschige Steine nicht jedermanns Sache. Aber immerhin, an sommerlichen Wochenenden finden sich hier bis zu 5000 Badegäste ein.

200 Meter von der Regattastrecke entstand ein neuer Badesee. Er ist außer an seinem Südufer (Biotop) auch für Badegäste zugänglich. Der See liegt in einem reizvollen Landschaftsschutzgebiet.

Wer es nicht ganz so sportlich mag, kann 200 Meter von der Regattastrecke entfernt in Ruhe baden.

15

5 Fasaneriesee

Fasanerie

ANFAHRT
• mit der S1 bis Fasanerie, dann zu Fuß;
• mit dem Auto gleicher Anfahrtsweg wie beim Feldmochinger See (S. 18)

PARKEN
Parkplätze am See

BADEN
Liegewiese um den ganzen See, flaches Ufer

WASSERQUALITÄT
gut

FREIZEITMÖGLICHKEITEN
Fußball, Angeln, Rundweg um den See

EINKEHR
2 Gaststätten in Richtung S-Bahn

SEHENSWÜRDIGKEITEN
Findlinge, Reste von Hügelgräbern im Feldmochinger Obermoos

ACHTUNG
Grillen verboten, keine Tiere!

Der Fasaneriesee bietet vieles: Badespaß, Angel- und Wandervergnügen. Um den See erstreckt sich ein Rundweg für alle, die genußvolle Spaziergänge lieben.

Die Wege der Wasserratten sind wohl doch unerschöpflich. Da gibt es einen Baggersee im Norden Münchens, der zur sogenannten Dreiseenplatte gehört und – man lese und staune! – selbst an Hundstagen von Badegästen nicht überschwemmt wird. Dieses kleine Wunder trifft auf den Fasaneriesee zu. Während seine Nachbarn, der Lerchenauer und Feldmochinger See, an

Am Fasaneriesee geht es beschaulich zu. Auch am Wochenende findet man Platz und seine wohlverdiente Ruhe.

16

Sommerwochenenden ganze Blechlawinen an sich ziehen, geht es hier eher beschaulich zu. Ein Dorado nicht nur für Badefreaks, sondern auch für Angler, Wanderer, Jogger und Radfahrer.

1974 machte die Stadt gleich 2,4 Millionen Mark locker, um rund um diesen Baggersee ein Badeparadies entstehen zu lassen. Zunächst mußten die gefährlichen Steilufer an der Ost- und Südseite abgeflacht werden. Dann wurden Seebereiche für Kinder und Nichtschwimmer aufgefüllt. Es folgte eine üppige Begrünung, und die Landschaft wurde modelliert. So entstand ein Kleinod, das auch bei Spaziergängern beliebt ist. Sie genießen den erhöht gelegenen Rundweg um den See.

An dem 14,4 Hektar großen See, nur eine Viertelstunde mit der S-Bahn von der Innenstadt entfernt, können Familien zwar nicht Kaffee kochen, aber einen Platz wie für sich gemietet finden. Und wenn die mitgebrachte Brotzeit nicht ausreicht, dann sorgen zwei zwischen S-Bahn-Station und See gelegene Gaststätten für das leibliche Wohl. Zu durchaus zivilen Preisen.

Weniger Spaß am See haben die Angler. Wegen des etwas ruhigeren Badelebens finden sich hier sogar Kormorane ein. Ein schönes Bild, aber ein Ärgernis für die Petrijünger. Denn ihnen schnappen die gänsegroßen Schwimmvögel Karpfen, Forellen und Aale praktisch vor der Rute weg.

Die Wanderer kommen am Fasaneriesee auf ihre Kosten. Sie haben hier einen Gratiszutritt zu Münchens Vergangenheit. Da sind zum Beispiel fünf Findlinge zu sehen. Sie erinnern an 600 bajuwarische Reihengräber aus der Zeit 550 bis 700 nach Christi.

Die gefährlichen Steilufer sind abgeflacht worden. Der Anblick des Seenotrettungsringes mahnt jedoch weiter zur Vorsicht.

17

6

Feldmochinger See

ANFAHRT
• mit der S1 bis Feld-
moching;
• mit dem Auto über Moos-
ach oder Milbertshofen
nach Feldmoching

PARKEN
auf beiden Seiten des Sees

BADEN
13,2 ha Liegewiese rund
um den See; extra markier-
ter FKK-Bereich

WASSERQUALITÄT
sehr gut

EINKEHR
Restaurant und Kiosk

BESONDERHEIT
extra Rollstuhlsteg und
Badebereich für Behinderte

ACHTUNG
Keine Hunde!

*Inmitten einer künstlichen Hügellandschaft liegt der Feldmochinger
See. Seine zwei Extras sind: ein FKK-Gelände und ein Areal für
Behinderte.*

Aus der Münchener Dreiseenplatte glitzert er besonders hervor:
der Feldmochinger See im Norden der Stadt. Auf dem Gelände
rund um den Baggersee der dreißiger Jahre ist ein Naherholungsgebiet geschaffen worden, das immerhin 44,8 Hektar
umfaßt. Ein Paradies für Wasserratten, Sonnenanbeter, Nackerte
und Wanderer. Mit 1500 Lastwagenladungen Kies und Erdreich
wurde wie auf dem Olympiagelände eine Hügellandschaft modelliert, die geradezu bezaubernde Ausblicke bietet. Dabei liegt der Erholungssuchende nicht auf dem Präsentierteller: 24 000 Büsche
und Sträucher unterteilen die Liegewiesen. So kann man trotz
starken Besucherandrangs immer noch für sich ein etwas abgele-

Die Wasserqualität am Feldmochinger See ist so gut, daß
Kinder unbedenklich tauchen
können.

18

genes Plätzchen finden. Für genügend Schatten sorgen nicht weniger als 400 Linden, Birken und Ahornbäume.

Dem Wasser des Badesees wird fast schon Trinkqualität zugesprochen. Das ändert sich selbst an Hundstagen nur wenig, wenn Tausende hier Erfrischung suchen. Dafür sorgt der Abfluß in den Kalterbach. Hinzu kommt die reinigende Kraft eines ausgedehnten Biotops am Südende des Sees. Eine wohlbehütete Oase für viele Wasservögel.

Nacktbaden ist in München schon lange kein Tabu mehr. Die Hüllenlosen spazieren im Englischen Garten, sonnen sich an den Isarauen bis mitten in die Stadt hinein. Wer es etwas geschützter und gepflegter mag, dem kann man das weitläufige FKK-Gelände am Feldmochinger See nur empfehlen.

Nun aber zu einer Besonderheit an diesem Baggersee: Mit einem Kostenaufwand von rund 140000 Mark hat die Stadt ein 2500 Quadratmeter großes Areal für Behinderte geschaffen. Der Ruheort ist vom nahen Parkplatz auf rollstuhlgerechten Wegen erreichbar. Eine Rollstuhlrampe und ein beweglicher Schwimmsteg erleichtern den Einstieg ins Wasser.

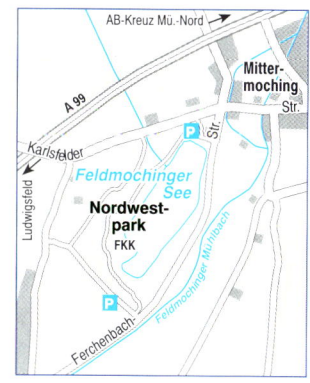

Das schön bepflanzte Seeufer bietet Plätze für jeden, der sich nach Ruhe sehnt.

7

Lerchenauer See

Bei Moosach

ANFAHRT
• mit der S1 bis Moosach, Rest zu Fuß;
• mit dem Auto über Milbertshofen und Moosach (hinter dem Olympiagelände)

PARKEN
Parkplatz am See

BADEN
rund um den See; ein Stück schmaler, steiniger Ufergürtel, sonst Wiese

WASSERQUALITÄT
gut bis mäßig

FÜR KINDER
Kinderspielplatz, gut zu überblicken

EINKEHR
Seerestaurant, Restaurants in der näheren Umgebung

ACHTUNG
Grillen verboten, wegen Überpopulation ist das Füttern von Vögeln strikt verboten!

Der Lerchenauer See ist Teil der „Dreiseenplatte" im Münchener Norden. Früher war er vom Umkippen bedroht; mittlerweile kann man wieder unbesorgt baden.

Da kann man glatt glauben, in Italien zu sein; in Rimini vielleicht oder in Jesolo. Fünfzehnstöckige Hochhäuser in unmittelbarer Nähe des Ufers, ein Seerestaurant mit Hotel, laut aufgedrehte Radiomusik und unter den riesigen gelben Sonnenschirmen ein meist südländisch klingendes Sprachengewirr. Die Bedienung im Restaurant spricht deutsch, aber gebrochen. Also doch am Germanengrill der Adria? Weit gefehlt, die Rede ist von einem Baggersee im nördlichen München, dem Lerchenauer See. Einst lediglich als reiner Landschaftssee gedacht, dann zum Badegewässer umfunktioniert.

Ende der dreißiger Jahre entstand der etwa acht Hektar große Baggersee durch Kiesaushub für das „Schienenmonster" der Bundesbahn. Was blieb, war ein völlig verwahrlostes Gewässer, dem man aus vielerlei Gründen besser fernblieb. Es war ein weiter und recht beschwerlicher Weg, um hier so etwas wie ein Badeparadies im wahrsten Sinne des Wortes wachsen zu lassen.

Zunächst wurden die Architekten auf diesen Baggersee aufmerksam. Er war ihnen ein willkommenes Element, um die in den sech-

Am Lerchenauer See gibt es herrliche Liegewiesen und für die Kinder einen Kleinkinder- und Gerätespielplatz.

ziger Jahren für etwa 20 000 Menschen aus dem Boden gestampfte Wohnsiedlung Lerchenau als Erlebniswelt aufwerten zu können. Zuerst wurde eine Wasserfontäne installiert und das Gelände verschönert. Der Erfolg war gleich Null. Denn die Anwohner wollten keinen Schau-, sondern einen Badesee. Also entschloß sich die Stadt, hier mehr zu tun. In den Jahren 1970 bis 1973 wurden etliche Millionen Mark in die künftige Freizeitanlage hineingepumpt.

Der Lerchenauer See wäre nicht Münchens Problemsee ohne das beinahe zwangsläufig folgende Kriterium. Er droht nämlich zu versacken. Noch während der Ausbau-Phase zum Erholungsgebiet sank der Wasserspiegel um beängstigende zwei Meter. Umfangreiche Direktmaßnahmen stoppten den Wasserschwund. Aber die nächste Katastrophe wartete schon: Kleinkläranlagen und etliche Versitzgruben im Einzugsbereich sowie eine Überpopulation von Enten, Schwänen oder Gänsen drohten, den See zu einer Bakterienkloake verkommen zu lassen. Ein See, in dem das Baden zu einem gefährlichen Vergnügen werden konnte.

Reinigungsmaßnahmen waren angesagt. Eine der letzten großen Anti-Schmutz-Kampagnen erfolgte im November 1991. Seitdem wird diese Reinigungsaktion jedes Jahr von Juni bis Oktober wiederholt. Dafür wird ein spezielles Mähboot eingesetzt, das die Wasserpflanzen beseitigt. Außerdem ist es strikt verboten, Vögel zu füttern. Gegen ihre Überzahl sollen nun auch Greifvögel eingesetzt werden. Für diese Könige der Luft wurden am Lerchenauer See bereits Sitzstangen aufgestellt.

Ein spezielles Mähboot beseitigt jährlich unzählige Wasserpflanzen, die den See umzukippen drohen.

8

Unterschleißheimer See

ANFAHRT
• mit der S1 bis Unterschleißheim, dann 2 km zu Fuß;
• mit dem Auto über die ST 2342 bis Unterschleißheim

PARKEN
rund um den See mit Ausnahme der ökologischen Ausgleichszonen am Südufer

BADEN
mit Ausnahme am Südufer

WASSERQUALITÄT
gut

FREIZEITMÖGLICHKEITEN
2 Beachvolleyball-Felder

FÜR KINDER
extra Sandstrand mit sehr flachem Ufer

EINKEHR
Gaststätte „Zum Seewirt" mit Kiosk und Biergarten

BESONDERHEIT
ein Drittel des Sees ist Naturschutzgebiet (Brut- und Laichbiotop)

ACHTUNG
Keine Hunde, Grillen verboten!

11 000 Sträucher und 350 Bäume spenden am Unterschleißheimer See den Badeausflüglern Schatten. Auch für Kinder ist gesorgt: mit einem extra Badestrand.

Badespaß im Hochsommer. Wen zieht es da nicht an die Seen. Doch für viele Münchener ist vor diesem Spaß erst einmal eine Menge Ärger angesagt. Das beginnt mit dem fast schon unvermeidlichen Stau beim Autofahren und findet seinen Höhepunkt bei der verzweifelten Suche nach einem Parkplatz. Doch all diesen Frust kann man sich ersparen, wenn man als Ziel den Unterschleißheimer See wählt. Er ist nämlich superbequem mit der S1 zu erreichen. Die Fahrt geht bis Unterschleißheim. Von dort sind es dann noch zwei Kilometer zu Fuß.

Der Ausflug lohnt sich, denn den Badegast erwartet einer der schönsten Seen in der Umgebung von München. Und die Kleinen haben hier ihre ganz große Freude. Für sie ist ein richtiger Badestrand geschaffen worden, der wie eine riesige Sandkiste aussieht. Das Ufer ist hier sehr flach, so daß die Knirpse fast 50 Meter weit im seichten Wasser stehen können.

Der Unterschleißheimer See ist einer der jüngsten Badeseen rund um München. Er entstand erst in den Jahren 1979/80 bei der Kiesentnahme für die Autobahn München – Deggendorf.

Am Unterschleißheimer See genießen Wochenendausflügler die sehr schönen, gepflegten Liegewiesen.

Die Wasseroberfläche von 7,9 Hektar gehört hauptsächlich den Schwimmern. Der See ist bis zu 14 Meter tief. Schwimmen macht bekanntlich hungrig. Wer keine Brotzeit mitgebracht hat, der findet eine reichhaltige und preiswerte Auswahl in der Gaststätte „Zum Seewirt" – wie könnte er auch anders heißen – mit Kiosk und Biergarten direkt am See. Die Gaststätte ist übrigens ganzjährig geöffnet, was zu jeder Jahreszeit viele Wanderer anlockt.

Es sei noch vermerkt, daß der Unterschleißheimer See für Radlfahrer schon lange ein Geheimtip ist. Sie können von Unterföhring (beim ZDF) aus auf dem herrlichen Isar-Radweg fahren, der nicht so stark frequentiert ist wie der im südlichen Bereich entlang der Isar. Der Weg führt weiter am Regattasee entlang, am Waldschwaigsee und am Langwieder See. Von da an ist die Strecke ausgeschildert.

Der Badestrand ist wie eine große Sandkiste, in der man herrlich Volleyball spielen kann.

23

9

Unterföhringer See

ANFAHRT
• mit der S 8 bis Unter-
föhring, dann 2 km zu Fuß
oder mit dem Bus;
• mit dem Fahrrad entlang
der Isar;
• mit dem Auto bis zum
nördlichen Ortsende von
Unterföhring

PARKEN
am See (Gebühr DM 3,–)

BADEN
rund um den See Liege-
wiese mit z. T. ungestörten
Abschnitten

WASSERQUALITÄT
gut

FREIZEITMÖGLICHKEITEN
Wanderwege um den See
herum

FÜR KINDER
Sandspielplatz

EINKEHR
Gaststätte am See

SEHENSWÜRDIGKEITEN
Schloß Ismaning, Kirche
St. Valentin

BESONDERHEIT
gehört zum Landschafts-
schutzgebiet Isartal

ACHTUNG
Keine Tiere!

*Ein anmutiger und gepflegter Badesee, umgeben von dichtem Baum-
bestand: der Unterföhringer See – oder wie ihn die Einheimischen
immer noch nennen: der Poschinger Weiher.*

Die Landeshauptstadt München liegt dem Wanderer buchstäb-
lich zu Füßen. Bei schönem Wetter hat man einen herrlichen
Blick bis ins Gebirge hinein. Man muß ihn nur besteigen – den
Aussichtsberg vom Unterföhringer See.

Dieser idyllische Badesee hat sich zu einem wahren Dorado für
Wanderer und Spaziergänger entwickelt. Das Erholungsgelände,
im Norden Münchens gelegen, hat ausgebaute Wege über eine
Länge von 1720 Metern. Wem das nicht genügt, der kann sich auf
eine acht Kilometer lange Strecke begeben, wobei sich ein schattiger Weg durch den Auwald entlang des östlichen Isarufers und
zurück anbietet. Wanderdauer: etwa zwei Stunden.

Der von dichtem Baumbestand umgebene, sich anmutig zeigende
Weiher entstand kurz nach dem Ersten Weltkrieg durch Kiesentnahme für den Bau des Mittlere-Isar-Kanals. Jahrzehntelang friste-
te er ein fast vergessenes und verwildertes Dasein. Nach dem Zweiten Weltkrieg wurde der Poschinger Weiher – wie ihn heute noch
viele Münchener, Unterföhringer und Ismaninger nennen – zum
echten Geheimtip für das sommerliche Badevergnügen. Mit seiner

Aus dem ursprünglich ver-
wilderten Unterföhringer
See wurde ein beschaulicher
Flecken mit 5,5 Hektar Liegewiesen.

Wasserfläche von 5,5 Hektar bei einer Tiefe von nur zwei Metern bot er sich als schnell aufgewärmte Badewanne an. Das sprach sich natürlich herum.

Beinahe hätte der Unterföhringer Spaß ein jähes Ende gefunden: 1957 wollte die Bundeswehr aus dem Poschinger Weiher einen Pionierwasserübungsplatz machen. Die Vorstellung, daß Panzer um den See manövrieren, entsetzte die Gemeinde. Der Bezirk kaufte das Gelände. Es gehört heute zum Landschaftsschutzgebiet Isartal und ist zugleich Bannwald.

Aber noch einmal drohte dem Poschinger Weiher Gefahr. Langsam, aber sicher verschlammte er. Das war Ende der siebziger Jahre. Der lästige Algenwuchs konnte trotz einer großen Entschlammungsaktion nicht beseitigt werden, er verschlimmerte sich sogar. Selbst die nun in großer Zahl eingesetzten Graskarpfen konnten das Problem nicht lösen. Das gelang erst durch gezielte und über längere Zeit andauernde Reinigungsmaßnahmen.

Zum sauberen Wasser kommt noch ein besonderer Reiz: die im Halbrund um den See verlaufende Parklandschaft. Um ihre Säuberung vom „Wohlstandsmüll" kümmert sich übrigens ein kleiner, nur zehn Mitglieder zählender Verein, der sich „Angelsportfreunde Unterföhring" nennt.

Dank dieser Pflege ist der Poschinger Weiher zu einem Kleinod für die Freizeitler geworden. Wer sich dann etwas mehr Bewegung verschaffen will, der findet, wie schon gesagt, sehr schöne Wanderwege vor. Dabei lohnt sich ein Abstecher zum Schloß Ismaning oder zur Kirche St. Valentin in Unterföhring.

Der See, der durch Grundwasser gespeist wird, hat eine hervorragende Badequalität.

10

Feringasee

Nur wenn's mal regnet, haben die Anwohner des Feringasees Ruhe. Ansonsten ist an Münchens beliebtestem Badesee immer was los – rund um die Uhr.

Das Leben ist so bunt und drall wie an der Adria. Auch ohne fei-nen Sandstrand und rauschende Meereswellen schäumt hier die Badefreude über. Die Rede ist vom Feringasee in Unterföhring bei München. Einem relativ jungen Badesee, der 1974 durch Kies-abbau für die Autobahn entstanden ist. Und da Baggerseen beson-ders auf Wochenendausflügler aus den Ballungsgebieten eine ge-radezu magische Anziehungskraft ausüben, entstand auch hier durch Ausbaumaßnahmen in kürzester Zeit ein Freizeitparadies. Das Gelände umfaßt 62,3 Hektar, davon sind 32 Hektar sauberste Wasserfläche; die Tiefe beträgt bis zu sieben Meter. Im Sommer tummeln sich am Wochenende bis zu 30000 Badegäste. Sie finden

So ganz allein ins Wasser zu springen, ist nicht immer ge-währleistet: Massenansturm am Wochenende ist angesagt.

26

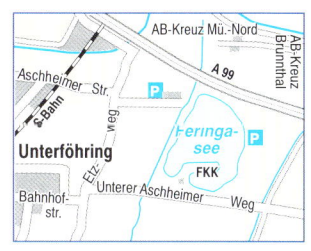

15 Hektar Liegewiesen vor bei einer Uferlänge von drei Kilometern.

Und vieles wird geboten: So haben zum Beispiel die Surfer einen getrennten Sportbereich, die Anhänger der Freikörperkultur eine eigene Landzunge. Es gibt Sandspielpätze, auf denen die Kleinen nach Herzenslust toben können. Dazu eine Gaststätte, die ganzjährig geöffnet ist, zwei Verkaufskioske, einen Biergarten, moderne Toilettenanlagen. Die Wasserwacht leistet an diesem See seit 17 Jahren in allen Notfällen Hilfe. Und, und, und …

Daß es am Feringasee wirklich boomt, davon weiß ein Wasserwachtler zu erzählen: „Im letzten Sommer war am See eigentlich immer was los, und das rund um die Uhr. Es ist tatsächlich so, die ersten Badegäste treffen schon um sieben Uhr morgens ein. Bis acht Uhr abends herrscht dann ein einziges Kommen und Gehen. Aber danach ist noch lange keine Ruhe." Denn nun tauchen immer wieder einzelne Gruppen auf, die hier oft die ganze Nacht hindurch beim Picknick feiern. Zu ihnen gesellen sich viele Nachtschwärmer aus Münchens nördlichen Diskotheken, die sich einfach abkühlen wollen.

Selbst an tropischen Sommertagen wird das Wasser kaum übermäßig belastet: ideal für die Kleinen.

11 Heimstettener See

Bei Aschheim

ANFAHRT
• mit der S6 nach Feld-
kirchen, dann 1 km zu Fuß;
• mit dem Auto über die
A94 (BAB München–
Passau)/Ausfahrt Feld-
kirchen-West, dann B471
Richtung Aschheim, Ab-
zweigung in Feldkirchen
beschildert

PARKEN
1300 Parkplätze, bewacht
(Gebühr DM 4,–)

BADEN
Liegewiese rund um
den See

WASSERQUALITÄT
sehr gut

FREIZEITMÖGLICHKEITEN
Tischtennis, Bolzplatz,
Angeln (nur im Verein)

FÜR KINDER
Spielplatz, gut zu über-
blicken

EINKEHR
Restaurant mit Biergarten

ACHTUNG
Keine Tiere, Grillen ver-
boten!

*Das „Fidschi"-Paradies des Heimstettener Sees bietet sauberen Bade-
spaß und ungetrübtes Freizeitvergnügen. Sogar die Fische haben sich
mit den Badegästen angefreundet.*

Insider träumen und sprechen vom „Fidschi". Sie meinen dabei
allerdings nicht das Südseeparadies, sondern den Heimstettener
See (11,1 Hektar Wasserfläche) bei Aschheim, Feldkirchen und
Kirchheim im Osten Münchens. Das Ziel vieler Erholungssuchen-
der aus dem Ballungsgebiet der Landeshauptstadt. Hier tummeln
sich mitunter bis zu 12000 Badefans. Wegen weitreichender Liegewiesen wird das Gedränge an solchen heißen Tagen dennoch
nicht beängstigend.

Eine Idylle, die einen recht profanen Ursprung hat: Der See entstand 1937/38, als die Bundesbahn hier Kies ausbaggerte. Was
blieb, war eine Wasserpfütze, die nicht besonders einladend wirk-
te. Das änderte sich erst in den siebziger Jahren. Mit einem Kostenaufwand von 2,65 Millionen Mark wurde vom Verein Erholungsgebiete rund um den fünf Meter tiefen Baggersee eben „Fidschi"
geschaffen mit sieben Hektar Liegewiesen und einer ausgebauten
Uferlänge von 1,6 Kilometern. Und das ist ein Geschenk für die
Badegäste: Der Eintritt ist frei. Dabei wird eine ganze Menge
geboten: Am nördlichen Seeufer wartet ein kleines Restaurant

**Der Spielplatz am Heim-
stettener See ist für Eltern
gut zu überblicken.**

nebst Biergarten mit Selbstbedienung auf die Hungrigen. Alles zu sehr zivilen Preisen. Wer sich nach dem Essen noch etwas Bewegung verschaffen will, der kann rund um den See wandern. Wer es aktiver mag, der findet gleich neben dem Restaurant acht Tischtennisplatten vor sowie einen Bolzplatz. Für Radtouren bietet sich ein beschilderter Weg zum Feringasee, Unterföhringer See und auch zu den Isarauen an. Und dann der Badespaß, er ist hier ein wirklich sauberes Vergnügen.

Ein dichter Bestand an Unterwasserpflanzen sorgt für ausreichend Sauerstoff. Von Überdüngung kann hier keine Rede sein. Das Wasser ist sogar so gut, daß selbst Süßwassermuscheln gedeihen. Rund um den See wird Hygiene groß geschrieben. Daß es möglichst zu keinen Badeunfällen kommt, dafür sorgt die Wasserwacht, die ihre Zelte an der Südoststrecke aufgeschlagen hat.

Sind nach einem langen Sommertag die Badegäste wieder abgefahren, finden sich andere Freunde des Sees ein: die Angler. Geduldig warten sie darauf, daß ein Karpfen oder ein Zander anbeißt. Und es ist kein Anglerlatein: Einem Petrijünger gelang es, einen sage und schreibe 54 Pfund schweren Zander zu fangen.

Um einen ordentlichen Fischbesatz kümmert sich der Eisenbahner-Fischerei-Verein. Er setzt jedes Jahr neben Karpfen und Zander auch Aale, Hechte und Schleien im Badesee aus. Fische und Badegäste kommen übrigens bestens miteinander aus. Ein Angler sagte: „Die Fische fühlen sich durch den Badebetrieb überhaupt nicht gestört. Im Gegenteil, die Badenden locken die Karpfen geradezu an."

Weitreichende Liegewiesen bieten auch am Wochenende ausreichend Platz.

12

Deininger Weiher

Bei Großdingharting

ANFAHRT
• mit dem Auto über Grünwald und Straßlach nach Großdingharting, dort beschildert

PARKEN
direkt am See und am Biergarten

BADEN
überall erlaubt, Badeinsel in der Mitte des Sees

WASSERQUALITÄT
sehr gut

FREIZEITMÖGLICHKEITEN
ideal zum Wandern und Radeln

EINKEHR
Waldhaus „Deininger Weiher" (Fisch-spezialitäten!) mit Selbst-bedienungsbiergarten

SEHENSWÜRDIGKEIT
Kloster Schäftlarn

BESONDERHEIT
Moorbecken, der halbe See ist Naturschutzgebiet

ACHTUNG
Keine Tiere!

Ein märchenhafter Moorsee – mitten im Naturschutzgebiet.
Im Sommer ist der Deininger Weiher ein Badeparadies, im Winter
ein Treffpunkt der Eisstockschützen.

Eine Landschaft, in der Märchen geboren werden. In der Elfen leben und Gnome lächelnd hinter Büschen vorblicken. Wo der verzauberte Frosch seine Prinzessin findet. Es braucht nicht viel Phantasie, um sich am Deininger Weiher, südlich von München, in die Zauberwelt vergangener Kindheit versetzt zu fühlen. Ein Moorsee wie aus dem Bilderbuch.

Er ist nicht groß, etwa 2,7 Hektar Wasserfläche mit einem Ufer-gelände von 1,2 Kilometern Länge und einer Wassertiefe von maximal zwei Metern. Aber das Ambiente: dichte Schilfgürtel, Büsche und üppiger Baumbestand. Da kommt richtige Urlaubs-stimmung auf. Da mag man sich auf den Liegewiesen (0,4 Hektar) ausruhen oder im bacherlwarmen Wasser aalen, das die Qualität „hervorragend" bescheinigt bekommen hat.

Das war allerdings nicht immer so. 1970 kam es zu einem großen Fischsterben im Moorsee. Eine Putenfarm hatte ihre Abwässer in den See geleitet. Täter gefunden, Wasser wieder sauber. Aber den-noch drohte eine allmähliche Verschlammung. Ihr wurde im Jahr 1977 vom Verein zur Sicherstellung überörtlicher Erholungsgebie-

Das Moorwasser des Deininger Weihers ist so warm, daß man noch lange bis in den Herbst hinein schwimmen kann.

te entgegengewirkt. Das Becken des Sees wurde um einen halben Meter vertieft. Von da an hatte der See Badewannen-Qualität.

Ein Kleinod, das viele Besucher auch wegen der Gastronomie zu schätzen wissen. Im Gasthaus „Deininger Weiher" erwartet den Gast eine Fülle an Fischspezialitäten.

Wanderwege führen in die urtümliche Moorlandschaft hinein. Der Deininger Weiher liegt im Landschaftsschutzgebiet des Gleißentals. Es wurde in der Eiszeit von mächtigen Gletschern geformt und soll das ehemalige Bett der Isar gewesen sein. In den dann fest gewordenen Gesteinsdecken bildeten sich im Lauf der Jahrtausende durch das immer wieder nachdringende Wasser kaminförmige Einschnitte. Sie reichen bis zu einer Tiefe von 15 Metern. Es sind die heute sogenannten „geologischen Orgeln". Ein Dorado für Kletterer.

Gleich neben dem Restaurant am Ufer gibt es auch einen Biergarten mit Selbstbedienung.

31

Badeseen in der Umgebung

von München

Glasklares Wasser und ein
herrliches Panorama am
Eibsee. Was will man mehr?

1 Kranzberger See

ANFAHRT
• mit dem Auto über die
A9/Ausfahrt Allershausen,
oder über die ST 2084
Richtung Freising bis
Abzweigung Kranzberg

PARKEN
große Parkplätze am See

BADEN
Liegewiese rund um den
See, flaches Ufer, teilweise
steinig

WASSERQUALITÄT
gut bis mäßig

FÜR KINDER
2 Spielplätze

EINKEHR
Sommergaststätte
„Seehaus"

BESONDERHEIT
Parkplatz für Behinderte
direkt am See

*Kaum weggeworfene Papierschnipsel, kein liegengelassener Müll:
Der Kranzberger See ist ein familiengerechtes Kleinod, dem viele
Stammgäste treu bleiben.*

An diesem See kann man den Urlaub in Italien vergessen. So
schwärmen zumindest viele Münchner, die es an heißen Wochenenden immer wieder an den Kranzberger See zieht. Ein Blick
auf die Parkplätze mit 1000 Stellplätzen zeigt, daß der größte Teil
der Badegäste in München wohnt. Es kommen auch etliche aus
Pfaffenhofen, und sogar Landshuter finden den Weg zu diesem

Der Kranzberger See liegt so
malerisch, daß man seinen
Urlaub in Italien fast vergessen kann.

,8 Hektar großen Badesee, der im Landkreis Freising liegt und um Landschaftsschutzgebiet Amperauen zählt. Das Geheimnis einer Popularität: Er ist ein ausgesprochener Familiensee.

Und das wiederum ist dem Verein zur Sicherstellung überörtlicher rholungsgebiete in den Landkreisen um München zu verdanken. r hatte sich beizeiten Grundstücke rund um diesen Baggersee geichert, der in den Jahren 1936 bis 1938 durch die Kiesentnahme ür den Autobahnbau München – Nürnberg entstanden war. Mit inem besonderen Augenmerk für die Bedürfnisse von Familien vurde ein Badeparadies geschaffen, das seit 1969 einen vielseiigen Service bietet. Dazu gehört zum Beispiel das „Seehaus", eine ommergaststätte. Für die Kleinen wurden zwei Spielplätze einerichtet mit Klettergeräten, Rutschbahnen und viel, viel Sand. Und der See selber lädt mit seinen flachen Ufern zum ungefährchen Planschvergnügen ein. Das Gelände ist so weitläufig, daß nan Fußball, Federball und Faustball spielen kann, ohne dabei nderen Gästen auf das Badetuch springen zu müssen.

um Badespaß: Der Kranzberger See ist kein Tiefgewässer. Die nittlere Wassertiefe beträgt gerade mal zwei Meter. Das hat den orteil, daß es sich im Sommer sehr schnell aufwärmt. Allerdings ibt es auch einen kleinen Minuspunkt: Trotz einer Sauberkeitschicht aus Kieselsteinen auf dem Seeuntergrund wird an „Beıstungstagen" eine Menge Schlamm aufgewirbelt. Die Wasser/acht versichert aber, daß die Wasserqualität die beste im ganzen andkreis sei. Und auch das Freisinger Gesundheitsamt teilte mit, ieser Badesee sei in jedem Fall „sauber".

Das Ufergelände wurde mit viel Gespür für Landschaftsgestaltung mit Sträuchern und Bäumen großzügig bepflanzt.

2 Echinger See

ANFAHRT
• mit der S1 bis Eching, dann 2 km zu Fuß;
• mit dem Auto auf der A9/Ausfahrt Eching/Neufahrn, in Eching beschildert

PARKEN
800 Parkplätze direkt am See (Gebühr DM 3,50)

BADEN
Liegewiese fast um den ganzen See, teilweise steinig, schwimmende Holzinsel in der Mitte des Sees

WASSERQUALITÄT
sehr gut

FREIZEITMÖGLICHKEITEN
Surfen (verboten vom 15.5.–15.9.), Tauchen nur mit Erlaubnis des Landratsamts Freising, Tischtennis, Rasenflächen für Ballspiele, 2 Beachvolleyball-Felder

FÜR KINDER
Sandplatz

EINKEHR
Kiosk mit Sitzplätzen

BESONDERHEIT
gehört zum Landschaftsschutzgebiet Amperauen, Biotop im südlichen Teil des Sees

ACHTUNG
Keine Hunde, Grillen verboten!

Von der Kiesgruben- und Müllhalden-Mondlandschaft zum properen Bade- und Erholungsgebiet. Das ist die erstaunliche Geschichte des „Ellwangers", des heutigen Echinger Sees.

Längst sind die Zeiten vorbei, da hier lediglich ein ungastlicher Baggersee lag mit schlammigen, von Trümmern übersäten Ufern und Hinweisschildern „Baden verboten". Heute ist der „Ellwanger" zu einer Perle im Münchener Norden geworden und umfaßt als Echinger Erholungsgebiet eine Freizeitfläche von 33 Hektar. Seit kurzem nämlich konnten der Echinger See und das Freizeitgelände im Echinger Süden durch die eine Million Mark teure Erweiterung zu einer Badespaßzone zusammenwachsen. Eine Oase, die besonders an sommerlichen Wochenenden viele Münchener anzieht, denen es an den südlichen Seen einfach zu voll und zu lärmend geworden ist.

Entstanden ist der „Ellwanger", wie ihn die Echinger heute noch nennen, in den sechziger Jahren durch Kiesentnahme. Er wurde schon bald zum Geheimtip für Einsamkeit suchende Badegäste, denen es nichts ausmachte, über Müllhalden zu klettern. Der Weg zum heutigen Erholungsgelände wurde frei, als Ende der siebziger Jahre mit dem Abriß des Kieswerks am Südende des Sees auch der letzte Hinweis auf seinen Ursprung verschwand. Es mußte eine Menge bewegt werden, um die Kiesgruben-Mondlandschaft in ein Paradies zu verwandeln. So zum Beispiel 75 000 Kubikmeter Erdreich, mit denen das Seeufer umgestaltet und ein Lärmschutzwall geschaffen wurde, der das Gelände von der nahegelegenen Autobahn München – Nürnberg abschirmt. Rund um den See mit einer Wasserfläche von 12,6 Hektar bei einer Tiefe bis zu 17 Meter baute der Verein Erholungsgebiete sieben Hektar Liegewiesen an. Damit das Ganze nicht zu einer Öde in Grün gedieh, wurden nicht weniger als 8000 Sträucher und 110 Bäume angepflanzt.

Zum allgemeinen Wohlbefinden gehört natürlich auch das leibliche Wohl. So wurde eine kleine Seegaststätte eingerichtet mit Preisen auf Biergartenniveau. Einziger Nachteil: In der Hauptsaison sind hier Warteschlangen angesagt. Im zweiten Gebäude hat sich die Wasserwacht eingerichtet, die an den Wochenenden von neun Uhr vormittags bis acht Uhr abends bei Badeunfällen sofort eingreifen kann. In der Regel muß sie sich um Kinder küm-

nern, die sich mit Schwimmflügeln zu weit ins Wasser hinaus-
gewagt haben, oder um „Strandläufer", die auf der 1,7 Kilometer
langen Umgebung des Sees auf eine Biene getreten sind.

Und dann gibt es seit dem letzten Jahr noch ein drittes Bauwerk:
die sogenannte „Blaue Brücke". Dort hinüber führt jetzt die Garchinger Straße. Damit wurde eine Straßenschneise durch das er-
weiterte Erholungsgelände vermieden und der Blick auf den
Echinger See freigehalten. Den Norden des Badedorados schließt
nunmehr ein kleiner neu angepflanzter Wald ab. Die „Echinger
Perle" wurde jetzt auch durch Radwege mit Unterschleißheim und
Garching sowie mit den nördlichen Isarauen verbunden.

Wie zu vielen umgestalteten Baggerseen gehört auch zum Echinger ein Biotop. Diese stille Oase im südlichen Teil des Sees ist vom
Badebetrieb abgeschirmt, obwohl sich hier immer wieder Gäste
einfinden, die sich gerne hüllenlos in der Sonne ausstrecken
möchten. Das Biotop sowie starke Grundwasserquellen sorgen
dafür, daß selbst bei Badehochbetrieb die Wasserqualität gleich-
mäßig gut bleibt.

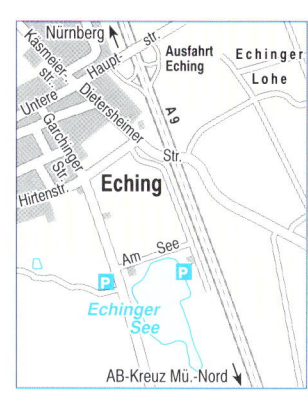

Der Echinger See mit seinen
33 Hektar Erholungsfläche
ist der ideale Freizeittreff im
Münchner Norden.

37

3
Neufahrner Mühlseen

Im Norden von München

ANFAHRT
• mit der S1 bis Neufahrn,
dann ca. 3 km zu Fuß oder
mit dem Fahrrad;
• mit dem Auto über die
A93/Ausfahrt Neufahrn,
dann ca. 3 km

PARKEN
großer Parkplatz direkt am
Badesee und am Surfsee

BADEN
Liegewiese rund um den
Badesee, kleine Kiesfläche
am Surfsee, Schwimmplatt-
form im See

WASSERQUALITÄT
mäßig (Badesee), gut
(Surfsee)

FREIZEITMÖGLICHKEITEN
extra Surfsee, 2 Beach-
volleyball-Felder

EINKEHR
„Mooswirt am See" mit
Kiosk und Biergarten

SEHENSWÜRDIGKEITEN
Pfarrkirche Neufahrn

BESONDERHEIT
Natursee (Baden verboten).
Erholungsgebiet ist Be-
standteil des Landschafts-
schutzgebietes Freisinger
Moos und Erdinger Gefild

ACHTUNG
Grillen verboten!

*Badesee, Surfsee und Biotopsee – die großzügig gestaltete Badeland-
schaft am Neufahrner Mühlsee befriedigt die unterschiedlichsten
Freizeitansprüche.*

Die Frösche sollen keine Angst mehr vor den Wasserratten
haben müssen. Außerdem wollen wir nicht die letzten Flek-
kerl Natur für den Menschenbetrieb umgestalten." Das sagte Bür-
germeister Winfried Zehetmeier 1985 bei der Eröffnung eines ganz
besonderen Badegeländes, den Neufahrner Mühlseen. Mit ihnen
ist die Badelandschaft im Münchener Norden um ein ganzes Stück
attraktiver geworden. Ein großzügig angelegtes Freizeitdorado für
Badefans, Surfer und schließlich auch für Naturfreunde.
Einmalig sind die Mühlseen, weil die drei Baggerseen – sie entstanden beim Kiesaushub für die Autobahn München – Deggendorf – die verschiedenen Freizeitmöglichkeiten trennen. So kommen Konflikte zwischen Schwimmern und Surfern, wie zum
Beispiel am Feringasee, hier nicht mehr vor. Denn die Wasserratten haben „ihren" See, und die Surfer separat einen anderen. Sport
also auf verschiedenen Ebenen. Ein drittes Gewässer dient als Biotop für seltene Pflanzen- und Tierarten. Hier ist natürlich Baden
und Surfen verboten. Der Natursee ist eingezäunt. Für Wasservögel und Frösche wurde eigens eine Insel angelegt. Eine Beobach-

In einem der drei Neufahrner
Mühlseen darf man schwim-
men, auf dem anderen surfen,
und der dritte ist ein Natursee.

tungsplattform bietet den Besuchern Einblick in diese Naturoase. Überhaupt hat der „Verein zur Sicherstellung überörtlicher Erholungsgebiete" bei der Gestaltung des Badegeländes an den Neufahrner Mühlseen keine Mühen gescheut. 4,38 Millionen Mark wurden investiert. So konnten Liegewiesen über eine Fläche von 45000 Quadratmetern geschaffen werden. Es wurden 300 Bäume und 30000 Sträucher gepflanzt. Außerdem ist eine Wasserwacht-Station errichtet worden. Die Fläche mit Bade- und Natursee umfaßt 17,2 Hektar. Der Badesee hat bei einer Größe von 4,1 Hektar eine Tiefe von acht Metern. Bei einem sehr guten Wasseraustausch hat der See praktisch Trinkwasserqualität. Und auf dem Surfsee finden viele Sportler Platz, er mißt immerhin 11,6 Hektar und zieht damit viele Münchener an.

Seit Jahren besucht die Familie Zeitler aus dem Münchener Norden die Mühlseen. Peter Zeitler (45) erzählt: „Wir kommen mit den Fahrrädern her. Das ist ein schöner Wochenendausflug. Und von Neufahrn aus kann man über verschiedene Radwege zum Unterschleißheimer und zum Kranzberger See gelangen. Das sind sehr reizvolle Radtouren."

Für das leibliche Wohl sorgt die gute Küche vom „Mooswirt am See" mit Biergarten und Kiosk. Die Besucher finden 425 Parkplätze vor. Das Badeparadies ist übrigens vor dem Lärm der nahen Autobahn durch einen bepflanzten Wall geschützt.

Und noch ein kleiner Tip: Sehenswert ist die Pfarrkirche von Neufahrn, drei Kilometer südlich vom Badesee entfernt. Hier ist eine der ältesten Holzplastiken aus dem 12. Jahrhundert zu bewundern.

Auch an die Kleinsten hat man gedacht: ein Sandspielplatz mit Aussichtsturm und Wasserspiel.

4

Garchinger See

Im Norden von München

ANFAHRT
• mit dem Auto auf der A9/Ausfahrt Garching-Nord, Wegweisung zum Sport- und Erholungs-gelände beachten

PARKEN
ca. 300 Parkplätze zwischen den Sportanlagen

BADEN
Liegewiese unterteilt durch viele Büsche, Badeverbot am Südostufer

WASSERQUALITÄT
gut

FREIZEITMÖGLICHKEITEN
Sport- und Erholungsge-lände mit Stadion für Tennis, Skating, Sommer-stockschießen, Volley- und Basketball sowie Leicht-athletik

FÜR KINDER
gut ausgerüsteter Spielplatz

EINKEHR
Kiosk am See mit Holz-hütte

BESONDERHEIT
Naturschutzgebiete Mallertshofer Holz mit Heiden und die Garchinger Heide

ACHTUNG
Strenge Vorschriften für das Naturschutzgebiet, keine Tiere!

Eines der frühesten Bade- und Freizeitdorados entstand am Garchinger See. Hier wurde an alle gedacht: an Sportler, an Kinder – und natürlich an die Badefans.

Er ist ein See, an dem die Sportlerherzen höher schlagen. Die Rede ist vom 50 000 Quadratmeter großen Garchinger See be München. Gleich zwei Besonderheiten zeichnen ihn aus: Das Ge wässer ist nur drei Meter tief, erwärmt sich also sehr schnell, und ist damit ideal für alle Wasserratten. Am See liegt eine besten ausgestattete Freizeit- und Sportanlage. Sie hat sogar eine eigen Zuschauertribüne für rund 850 Personen.

Entstanden ist dieser Baggersee 1933 beim Kiesaushub für die Auto bahn München – Nürnberg. Über Jahrzehnte ein wilder See, um den sich eigentlich niemand so recht kümmerte. Das änderte sich erst im Jahr 1968. Die Stadtverwaltung hatte ein gewaltiges Pro

Der Garchinger See liegt in einem großen Landschafts-schutzgebiet. Das Natur-schutzgebiet Mallertshofer Holz mit Heiden schließt sich an.

gramm ausgearbeitet. Ziel war es, den See in eine für damalige Verhältnisse fast schon utopisch anmutende Freizeitstätte einzubetten.

Der Spaß ist in vielerlei Hinsicht ungetrübt. Die Kinder quengeln nicht, denn es gibt für sie viel Abwechslung. Auf einer Wiese können sie Fußball spielen, Turngeräte, Schaukel und Wippe begeistern selbst die Kleinsten. Und damit es so ein richtiges Familienvergnügen wird, wurden besondere Platten angelegt, auf denen man Steaks, Fische oder Bratwürste grillen kann.

Das sorgfältig modellierte Gelände bietet dem Besucher weite Spaziergänge, die auch in den Bereich des Sportgeländes führen. Und dort rührt sich immer etwas. Kein Wunder bei zwölf Tennisplätzen – einer wird immer für Nichtmitglieder freigehalten –, acht Sommerstockbahnen, vier Rundlaufbahnen zu 400 Metern, sechs Kurzstreckenbahnen. Anlagen für Hochsprung, Drei-, Weit- und Stabhochsprung. Volley- und Basketballfelder. Und sogar eine Bolzwiese fehlt nicht. Das wird die Jüngsten freuen.

Man kann aber auch weiterwandern zum Biotop Hackl-Holz und zur Garchinger Heide, die schon seit 1942 Naturschutzgebiet ist.

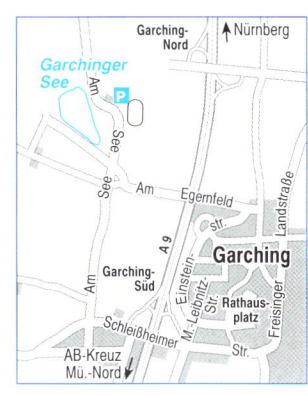

Für heiße Sommertage ein kühler Schattenplatz: die Holzhütte mit Kiosk direkt am See.

5

Badesee Stoibermühle

ANFAHRT
• mit dem Auto auf der
A92/Ausfahrt Freising-Ost,
kurz Richtung Erding, links
nach Attaching und der
Beschilderung folgen

PARKEN
350 Parkplätze am See

BADEN
schmale Wiesenstreifen
rund um den See, am Ufer
steinig

WASSERQUALITÄT
gut

FREIZEITMÖGLICHKEITEN
abgetrennter Surfbereich

EINKEHR
Biergarten Stoibermühle

SEHENSWÜRDIGKEITEN
Freisinger Dom, Flughafen
München II

BESONDERHEIT
Grillplätze

ACHTUNG
Keine Tiere!

Sauber, warm und angenehm: So präsentiert sich der Badesee Stoibermühle, einer der jüngsten Baggerseen. Surfer und Badende kommen sich nicht in die Quere, jeder hat seine Ecke.

Dieser See lädt gleich zweimal zum Baden ein: Zum einen in sein 13 Hektar umfassendes Wasser mit sehr guter Qualität bei einer Tiefe von maximal neun Metern. Das bringt eine Badetemperatur bis zu 23 Grad. Zum anderen als Kopfsprung in die Kultur. Denn die hat das nur fünf Kilometer entfernte Freising in Hülle und Fülle zu bieten. Die Rede ist von einem der jüngsten Bagger-

Nach einem wohlverdienten Sonnenbad kann man entweder direkt am See grillen oder man geht in den Biergarten Stoibermühle.

42

seen, dem Badesee Stoibermühle. Er entstand 1976 durch Kiesentnahme für die Autobahn München – Deggendorf und liegt in unmittelbarer Nähe des Großflughafens München II auf freiem Feld,
zwei Kilometer Luftlinie vom Airport entfernt.

In den letzten Jahren ist eine Menge getan worden, um den Badesee Stoibermühle zu einem echten Freizeitparadies werden zu
lassen. Es entstanden Liegewiesen (1,7 Hektar) und Flächen mit
Schotterrasen, auf denen selbst im Hochsommer die Badegäste
noch einen Platz finden. Der ganze See ist eingegrünt. Einen besonderen Blickpunkt bilden zwei kleine, dichtbepflanzte Inseln,
die aber nicht zugänglich sind. Rund um den See wurden Beton-
tröge aufgestellt, über denen es sich bestens brutzeln läßt. Wer
nach dem Festschmaus etwas Bewegung braucht, dem ist eine
Wanderung von eineinhalb Kilometern rund um den See zu empfehlen.

Und so tummeln sich an heißen Sommerwochenenden schon
Hunderte von Badegästen in den sauberen und angenehm warmen Fluten. Für ihre Sicherheit sorgt die Wasserwacht. Und die
Surfer sind von den Badenden getrennt, nur außerhalb der Bade-
saison dürfen sie sich auf dem ganzen See voll in den Wind legen.

Nun zum kulturellen „Bad". Das nahe Freising ist eine Stadt mit
uralter Vergangenheit. Unbedingt sehenswert ist der Freisinger
Dom auf dem „mons doctus", dem gelehrten Berg. Keine Gerin-
geren als die Gebrüder Asam erweiterten und schmückten den
1160 mit Unterstützung Kaiser Barbarossas errichteten romani-
schen Backsteinbau.

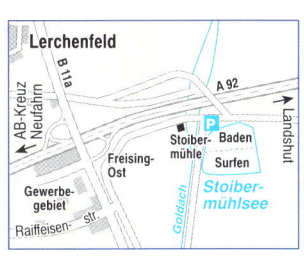

Wer es idyllisch und einsam
liebt, kommt am besten unter
der Woche her, dann ergeben
sich solche Stimmungen wie
hier auf dem Bild.

6

Steinsee

Der Steinsee liegt inmitten eines herrlichen Landschaftsschutzgebietes. Das Familienbad der Grubers bietet hier gepflegte und intime Freizeitatmosphäre.

Hier ist man eigentlich unter sich. Selbst, wenn man aus München kommt. Viele der Badegäste am Steinsee in der Nähe von Ebersberg kommen seit Jahren hierher. Sie genießen die gepflegte Atmosphäre des Familienbades am Nordende des einen Kilometer langen, bis zu 300 Meter breiten Sees. In der parkähnlichen Anlage ein dichter Baumbestand mit Eichen, Buchen, Fichten, Erlen und Kirschbäumen. Auf den Punkt sauber gehaltene Liegewiesen; sie werden oft gemäht, um ihre Dichte zu erhalten. Weiter eine Sonnenterrasse für 120 „Bräunlinge". An Hochsommertagen kann das Bad bis zu 2000 Besucher aufnehmen. Dann wird es zwar etwas eng , aber wie gesagt, man kennt sich. Und zwar so gut, daß

Der Steinsee liegt in einem idyllischen Landschaftsschutzgebiet mit Mischwald und ist eigentlich Privatgelände, jedoch mit Familienbad für die Allgemeinheit.

44

selbst Prominente den Weg hierher nicht scheuen. Sie alle schätzen die gute Wasserqualität des Steinsees, die beinahe Trinkwassergüte erreicht. Darüber kann sich jeder am Eingang vom Familienbad überzeugen. Da ist im Befund des Landesuntersuchungsamtes für Gesundheitswesen Südbayern zu lesen: „Bakteriologisch einwandfrei".

Das gute Wasser des Steinsees war auch schon zu früheren Zeiten geschätzt, in denen man noch nichts von Umweltproblemen wußte. Ärzte sollen Patienten mit Hautleiden zum Schwimmen im jod- und radiumhaltigen Wasser des Steinsees geschickt haben. Der bis zu 16 Meter tiefe See nährt sich nämlich aus reinem Quellwasser. Hinzu kommt die angenehme Badetemperatur. An heißen Sommertagen wurden schon bis zu 30 Grad gemessen.

Bad und See gehören zum nahen Gut Niederseeon und werden von Pächter Lorenz Gruber seit etwa 30 Jahren gehegt und gepflegt. Er sorgt dafür, daß keine Hunde stören, keine Kofferradios dröhnen und bei Hochbetrieb auch Ballspiele untersagt bleiben. Zu diesen Hauptsaison-Zeiten ist dann auch die ganze Familie Gruber auf den Beinen, um den Kiosk mit warmen Speisen zu betreiben.

Rudern ist zwar inzwischen verboten, aber dafür entschädigt die erholsame und gepflegte Atmosphäre dieser parkähnlichen Anlage.

7 Kastenseeoner See

ANFAHRT
• mit der S1 bis Neubiberg, dann mit dem Bus Richtung Glonn;
• mit dem Auto über Putzbrunn und Egmating Richtung Glonn oder auf der Autobahn München–Rosenheim/Ausfahrt Aying, links Richtung Glonn

PARKEN
am See (Gebühr DM 2,–)

BADEN
eingezäuntes Badegelände am Ostufer, Wiese und Holzflächen (Eintritt DM 3,50)

WASSERQUALITÄT
sehr gut

FREIZEITMÖGLICHKEITEN
Tischtennis, Wasserski

EINKEHR
Strandcafé

SEHENSWÜRDIGKEITEN
Klosterbrauerei Aying

BESONDERHEIT
Moorsee im Naturschutzgebiet

ACHTUNG
Keine Tiere!

Reines, klares Wasser ohne Chemikalien oder Schwermetalle: Der Kastenseeoner See ist ein kleiner, aber feiner Moorsee im Naturschutzgebiet des Kastenseeoner Moors.

Hier schlägt der Spaß Wellen und das mitten im Naturschutzgebiet. Gemeint ist der Kastenseeoner See, kurz Kastensee genannt. Ein Moorsee bei Glonn im Südosten von München mit einer Größe von gerade mal 300 bis 400 Metern bei einer Tiefe von 20 Metern. Im Sommer liegen die Badewassertemperaturen bei 24 Grad. An schönen Wochenenden finden sich hier bis zu 2500

Der Kastenseeoner See ist ein herrlicher Moorsee im Naturschutzgebiet. Appell an alle Besucher: Nehmen Sie Rücksicht auf die wertvollen Biotope!

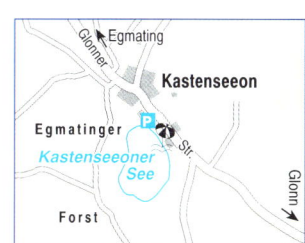

Besucher ein. Unter ihnen eine ganze Anzahl von Prominenten. Der See liegt mit Biotopen in einem sehr wertvollen Naturraum. Deshalb die Bitte der Aufsichtsbehörden an alle Badegäste, sich rund um das Gewässer besonders rücksichtsvoll zu verhalten.

Zum angesagten Spaß: „Skifoarn" heißt es, die Wasserskier angeschnallt, und schon geht es los. Die herumstehenden Zuschauer oder die Besucher des Strandcafés amüsieren sich königlich, wenn es wieder einmal einen Neuling ins kühle Naß geworfen hat. Das ist die Attraktion auf dem See: Ein Wasserski-Karussell ist so angelegt, daß Schwimmer nicht gefährdet sind und die Natur auch nicht. Dafür spricht, daß viele Münchener schon seit Jahren diesem See treu geblieben sind. Einer von ihnen ist Roman K., den es nunmehr seit 40 Jahren immer wieder an dieses Moorgewässer zieht. Er hat sich hier in einem Wochenendhaus eingerichtet und die Fischrechte gepachtet. Er erzählt: „Manche Leute kommen nur wegen der besonders großen Karpfen hierher. Aber nicht, um sie zu angeln, sondern um sie zu füttern. Die fressen einem ja praktisch aus der Hand."

Das ganze Ufer steht unter Naturschutz. So wachsen zum Beispiel auf dem Gelände, das der Badewiese gegenüberliegt, im sogenannten Schwingmoor, viele seltene Pflanzen wie der Wasserschierling. Naturschutz auch deshalb, weil sich vom Ostufer aus das Kastenseeoner Moor erstreckt, das für Naturkundler äußerst interessante Übergangsbereiche bietet: von der Flachwasser- und Verlandungszone über Niedermoorflächen bis zum beginnenden Hochmoor. Natürlich ist hier das Betreten verboten.

Hier macht das Wort „Badesee" seinem Namen Ehre: Die Wassertemperatur des weichen Moorsees liegt im Sommer bei 24 Grad.

8

Seehamer See

Kaum zu glauben: ein idyllischer Natursee, direkt neben der Autobahn. Der Seehamer See liegt eingebettet in eine Moorlandschaft und hat eine hervorragende Wasserqualität.

ANFAHRT
• direkt an der A8 nach Salzburg

PARKEN
40 Parkplätze beim Campingplatz

BADEN
rund um den See, ruhige Plätze

WASSERQUALITÄT
gut

FREIZEITMÖGLICHKEITEN
Surfen, Wandern bzw. Radeln in schöner Umgebung

EINKEHR
Kiosk am See, „Spießbraten-Haus" in Großseeham

SEHENSWÜRDIGKEITEN
Kloster Weyarn, Leonhardkirche in Reichersdorf

BESONDERHEIT
Natursee mit 2 Campingplätzen

Eingebettet von Wäldern und Wiesen mit Blick zum Wendelstein, zählt der Seehamer See zu den liebenswertesten Gewässern im Münchener Einzugsbereich. Ein kleiner Badesee, direkt an der Autobahn München – Salzburg, drei bis vier Kilometer vor dem Irschenberg gelegen, dessen Moorlandschaft zu ausgedehnten Wanderungen einlädt. Es ist ein Natursee, der früher voller Seerosen war. Davon ist heute leider nichts mehr zu sehen. Dennoch hat der Seehamer See nichts von seiner Schönheit verloren. Zwei Campingplätze gibt es hier, die meist voll belegt sind. 40 Parkplätze, einen Kiosk. Und dann die Gaststätte beim Wirt in Reichersdorf, der nur an Sonntagen geöffnet hat. Lediglich drei

Der Seehamer See ist ein wunderschöner Natursee. Leider ist er nicht mehr wie früher voller Seerosen, aber seine Wasserqualität ist hervorragend.

Gerichte werden angeboten. Aber die haben es, da hausgemacht, wahrlich in sich. Wer dann einen Verdauungsspaziergang braucht, bitte: Allein um den See, der der Stadt München gehört, kann man sechs Kilometer wandern. Die Ufer sind überall frei zugänglich. Die Wasserqualität ist gut. Der See bekommt frischen Zulauf durch die Flüsse Leitzach und Mangfall.

Ein paar Tips zum Wandern oder für eine Radtour: Es lohnt sich auf jeden Fall ein Abstecher nach Reichersdorf, das zwischen Moränenhügeln eingebettet liegt. Der Ort wird geprägt von alten, denkmalgeschützten Bauernhäusern. Besonders sehenswert ist die spätgotische Leonhardkirche.

Ein anderer beschaulicher Ort in der Nähe ist das Kloster Weyarn. Eindrucksvoll schon der Klosterweg, der am Osthang der Mangfall entlang bis zu den ehrwürdigen Gebäuden führt.

Wer es technisch und zugleich wildromantisch liebt, dem ist ein Abstecher zum Mangfalltal zu empfehlen. Auf einer Länge von 162 Metern überspannt der Aquädukt mit fünf 17 Meter hohen Bögen den Teufelsgraben. Über diesen Tuffsteinbau fließt das Trinkwasser für München.

Der See könnte wirklich ein letztes Stückchen vom Paradies sein, wenn man die Autobahn Salzburg in direkter Nähe vergißt.

9 Simssee

ANFAHRT
• mit der Bahn bis Rosenheim, mit dem Bus Richtung Prien bis Station Endorf;
• mit dem Auto über Rosenheim oder Endorf, auf der A8/Ausfahrt Rohrdorf, dann über Riedering (ca. 65 km von München)

PARKEN
gebührenpflichtige Parkmöglichkeiten an den Badeständen

BADEN
Gemeindebad in Baierbach, Badegelände in Edling, Pietzing, Krottenmühl

WASSERQUALITÄT
sehr gut

FREIZEITMÖGLICHKEITEN
Radeln in der Umgebung, Bootsverleih in Ecking und Baierbach, Surfen und Segeln erlaubt

FÜR KINDER
Spielplätze

EINKEHR
Kioske mit Sitzgelegenheit, „Gockerlwirt"

ACHTUNG
Grillen verboten! Ausnahme: Badeplatz Pietzing

Biergarten-Atmosphäre und Badespaß mit Blick auf die Chiemgauer Berge: Am Simssee gibt es mehrere Badegelände, und alle haben sie einen Biergarten mit dabei.

Ein Badesee, der lange Zeit als Geheimtip galt, ist der herrliche Simssee. Acht Kilometer nordöstlich von Rosenheim gelegen, ist er nach dem Chiemsee und dem Waginger See das drittgrößte Gewässer zwischen Inn und Salzach. Er ist sechs Kilometer lang und mißt an seiner breitesten Stelle zwei Kilometer. Das etwas moorige Wasser ist bei einer Tiefe von maximal 23 Metern relativ warm. Im Frühjahr steigen je nach Sonneneinwirkung die Wassertemperaturen bis zu 18 Grad, um sich dann im Sommer auf 22 Grad zu steigern. Zwar haben seine Nähe zu Rosenheim und zur Autobahn einen gewaltigen Zustrom an Besuchern zur Folge, aber man hat sich rings um den See auf die Gäste vorbereitet. So gibt es zum Beispiel ein großes Badegelände in Pietzing am Ostufer und ein sehr schön gelegenes Gemeindebad in Baierbach. Hier is das Gelände so weitflächig angelegt, daß selbst an heißen Sommertagen keine drangvolle Enge herrscht.

Eine Besonderheit des Simssees ist das hier gelungene Zusammenspiel von Badespaß und Biergarten-Fröhlichkeit. Diese ganz spezielle Atmosphäre ist zum Beispiel in einem kleinen privaten Frei

Der Simssee ist nach dem Chiemsee und dem Waginger See das drittgrößte Gewässer zwischen Inn und Salzach.

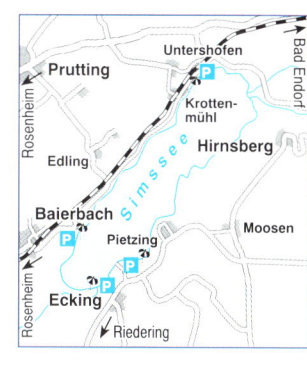

bad am Westufer anzutreffen. Hier kann man in Ruhe und auch in Badehose seine Maß Bier unter schattigen Bäumen am Rande der Liegewiese genießen. Naturbegeisterte Wasserratten kommen auch am Nordwestufer auf ihre Kosten: Über den See hinweg reicht der Blick auf die herrliche Kulisse der Chiemgauer Berge. Einen besonderen Freizeitspaß bietet das nicht weit vom berühmten „Gockerlwirt" gelegene Strandbad mit gepflegten Liegewiesen, Umkleidemöglichkeiten, einem Strandkiosk mit einem kleinen – und was soll es auch sonst anderes sein – Biergarten! Gleich daneben können sich die Kinder auf einem eigens für sie angelegten Spielplatz austoben.

Ein kleiner Tip besonders für den Besucher des Simssees: Wer mit dem Auto angereist kommt, sollte Fahrräder auf dem Gepäckträger oder im Kofferraum mitnehmen. Und das Auto einige Kilometer vom Gewässer entfernt möglichst vor einem gemütlichen Gasthaus stehen lassen, um dann – Bewegung ist alles – zum Ufer zu radeln. Bei dieser Tour kann man einen Abstecher zu einem anderen sehr kleinen, aber wunderschön gelegenen Moorsee machen, dem Tinninger See in der Nähe von Riedering. Hier gibt es allerdings nur eine Stelle, von der aus der See für Schwimmer zugänglich ist. Es ist ein reizvolles Plätzchen mit Strandbad und Badesteg. Ein Mini-Kiosk ist vorhanden, die Liegemöglichkeiten jedoch sind recht begrenzt.

Also weiterradeln. Zum Beispiel nach Baierbach. Dort trifft man auf den „Waldgasthof Liebl", der direkt am Ufer des Simssees liegt. Dazu gehört ein Strandbad mit Bootsverleih.

Auch an den heißgeliebten Wochenenden findet jeder an den zum größten Teil weitflächig angelegten Ufern ein Plätzchen.

10

Chiemsee

ANFAHRT
• mit dem Auto über die
A8/Ausfahrt Prien

PARKEN
genügend Parkmöglich-
keiten am See

BADEN
rund um den See, größere
Orte mit Strandbädern:
Prien, Seebruck, Seeon,
Chieming, Breitbrunn,
Gstadt

WASSERQUALITÄT
unterschiedlich, seit dem
Bau des Ringkanals gut bis
sehr gut

FREIZEITMÖGLICHKEITEN
Wassersport jeglicher Art,
gute Windverhältnisse für
Surfer und Segler, Radeln
u. v. m.

FÜR KINDER
zahlreiche Möglichkeiten

EINKEHR
zahlreiche Kioske, Gast-
stätten und Biergärten um
den ganzen See

SEHENSWÜRDIGKEITEN
Schloß Herrenchiemsee
(Herreninsel), ehemaliges
Benediktinerinnenkloster
(Fraueninsel) u. v. m.

BESONDERHEIT
Bayerns größter See,
Chiemseeflotte/Passagier-
kapazität 5500 Personen

Ob Baden oder Kultur, ob Wassersport oder Wanderungen –

das „Bayerische Meer" ist ein Urlaubsparadies. Absolutes Muß:

König Ludwigs II. Märchenschloß auf der Herreninsel.

Für den Chiemsee entscheiden sich viele deutsche Urlauber leichten Herzens. Die Wassersportmöglichkeiten, insbesondere Segeln und Surfen, sind am „Bayerischen Meer" verlockend ideal. Mit seinen 84 Quadratkilometern ist es Bayerns größtes Gewässer. Schwieriger wird für den Urlauber die Wahl aus dem reichlichen Dutzend naturschöner Orte an den Seeufern. Nördlichster Seeort ist Seebruck, an das sich nach Norden Seeon mit Klostersee und kunstreicher Kirche anschließt. Hauptstadt am „Meer" ist Prien. Von hier aus starten die 14 Schiffe der Chiemseeflotte – Passagier-kapazität 5500 Personen – zur Insel Frauenchiemsee mit seinem traditionsreichen Kloster und zu dem Glanzstück auf der Herren-

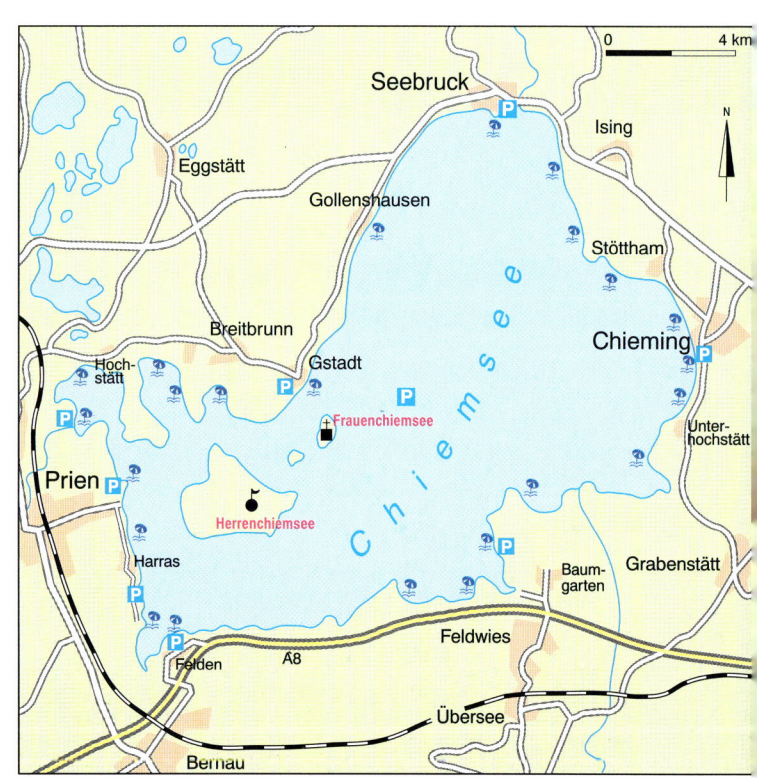

insel, dem Traumschloß König Ludwigs II., das im Stil von Versailles errichtet wurde. Gern besucht werden auch Chieming am Ost- sowie Breitbrunn und Gstadt am Westufer. Überall bietet sich ein herrlicher Blick über den See, über dem die Berge mit der gewaltigen Kampenwand (1669 m) stehen.

Das Gerücht vom Loch im „Bayerischen Meer"

Ein ganz anderes Thema erregte noch vor wenigen Jahren die Anwohner rund um den See, insbesondere die Berufsfischer und Bootsverleiher. Das Gerücht von einem geheimnisvollen Loch im „Bayerischen Meer" begann zu kreisen, als die Gemeinde Seeon-Seebruck nach längeren Messungen einer zunehmenden Verlandung am Ausfluß der Alz mit Baggern begegnete. Sogleich wurden Befürchtungen laut, diese Maßnahme könne den Pegelstand des Sees auf Dauer negativ beeinflussen, da nunmehr das Wasser schneller abfließe. Eventuell sei sogar der Seeboden ausgebaggert worden, so daß das Wasser im Untergrund versickere. In der Tat hatten die Messungen der letzten Jahre einen erstaunlich und für

Der Chiemsee wird auch das bayerische Meer genannt: beliebter Urlaubsort für viele Nordlichter und bekannt für seine überwiegend sehr gute Wasserqualität.

Der Chiemsee bietet für jeden Geschmack etwas: Entweder macht man eine Schiffsfahrt, badet oder promeniert auf ausgewiesenen Uferpromenaden.

viele bedenklich niedrigen Wasserstand angezeigt. Gerüchte haben bekanntlich eine zähe Lebensdauer. Und so bereitete es den Wasserwirtschaftsbehörden einige Mühe, besonders ängstliche Gemüter davon zu überzeugen, daß die niedrigen Wasserstände durchaus im Bereich der ganz normalen Pegelschwankungen liegen. Das hätten die Messungen in den letzten 120 Jahren eindeutig belegt. Doch eine allmähliche Verlandung des Sees wird auf die Dauer nicht zu verhindern sein. Als das Gewässer vor etwa 11000 Jahren aus den Überresten eines gewaltigen Gletschers entstanden war, hatte es eine Ausdehnung von 200 Quadratkilometern und reichte bis direkt an den Fuß der Alpen und bis nach Marquartstein. Dann begann die Ache ihr unaufhaltsames Werk der Verlandung. Das ausgeprägte Mündungsdelta ist ein Beweis dafür, daß dieser Vorgang nach wie vor anhält. Und die Wissenschaftler haben bereits errechnet: Das „Bayerische Meer" wird in etwa 8000 bis 10000 Jahren von der Bildfläche verschwunden sein.

Auf den Spuren der Römer wandeln

Der Wellengang bei einer Gewitterfront oder einem Föhneinbruch kann einen stürmischen Tag an der Nord- oder Ostsee vortäuschen. Und es gibt sogar wie am Meer Ebbe und Flut. Alle 45 Minuten schwankt der Wasserspiegel in Nord-Süd-Richtung um drei bis 30 Zentimeter. Wem das zu stürmisch wird, dem bietet die bezaubernde Landschaft eine Unmenge an Wanderwegen, für den Spaziergänger ebenso wie für den Langstrecken-Wanderer. Man kann sogar auf den Spuren der Römer wandeln. So zum Beispiel in Bedaium, wie die Römer ihre 50 nach Christus am Chiemsee gegründete Siedlung nannten, dem heutigen Seebruck. Es war ein bedeutender Knotenpunkt auf der römischen Fernstraße Augsburg – Salzburg.

Nach dem Abstecher in die Antike lohnt sich ein Besuch der Museums-„Taverna". Hier kann man vorzüglich essen, ebenso wie in vielen Traditionsgaststätten rund um den See. Wobei sich der Chiemsee-Besucher einen Genuß auf keinen Fall entgehen lassen sollte, den einer frischen Chiemsee-Renke.

Die Frauen- und Herreninsel und ihre Sehenswürdigkeiten

Zum Höhepunkt eines Aufenthalts am Chiemsee gehört natürlich der Besuch von Frauen- und Herreninsel. Ludwig II. hatte Herrenwörth – wie die Insel damals noch hieß – von württembergischen

Holzhändlern erworben. Die hatten nämlich damit begonnen, die Insel abzuholzen. Hier wollte der „Kini" sein Versailles errichten. Die Gartenanlagen umfassen 23 Hektar, davon sind 19 als Park gestaltet. Insgesamt umfaßt die Insel 240 Hektar. Sie ist durch ein großzügiges Wegenetz erschlossen. Besonders eindrucksvoll ist der Blick vom südlichen Steilufer auf die Alpenkette.

Auf der benachbarten, etwas ruhigen Fraueninsel steht das berühmte Kloster der Benediktinerinnen, das Wahrzeichen des Chiemgaus. Es wurde bereits im 8. Jahrhundert gegründet. Rund tausend Jahre später, als die Benediktinerinnen nach der Säkularisation die Insel vorübergehend verlassen mußten, entstand hier 1828 die erste Künstlerkolonie am Chiemsee. Ihr gehörten so berühmte Dichter an wie Ludwig Ganghofer oder Ludwig Thoma und bedeutende Maler wie Kaulbach oder Wilhelm Leibl.

Zu den Höhepunkten des Chiemsees gehört neben den vielen Freizeitmöglichkeiten auch der unvergeßliche Blick auf die Chiemgauer Alpen.

11 Waginger See

ANFAHRT
• mit dem Auto auf der A8/Ausfahrt Siegsdorf–Traunstein, Richtung Waging beschildert

PARKEN
Parkplätze am See an den öffentlichen Strandbädern

BADEN
große Badeplätze in Waging und Tettenhausen

WASSERQUALITÄT
im Norden besser als im Süden

FREIZEITMÖGLICHKEITEN
Segeln und Surfen möglich, Bootsverleih in Tettenhausen und Waging, gekennzeichnete Wanderwege, Radfahren

FÜR KINDER
viele Spielmöglichkeiten, in Waging Park mit Wasserrutsche

EINKEHR
Kioske, Supermarkt in Waging sogar sonntags geöffnet, Restaurants und Cafés in Waging

SEHENSWÜRDIGKEITEN
Wallfahrtskirche Maria Mühlberg, Vogelmuseum bei Waging und Bajuwarenmuseum

BESONDERHEIT
wärmster See Oberbayerns, Paradies für Fischer (Fischereischein!)

ACHTUNG
Keine Tiere!

Der Waginger See, der wärmste See Oberbayerns, ist immer noch besonders fischreich. Nach dem Baden sollte man unbedingt die Fischspezialitäten der Restaurants probieren.

Es lohnt sich, auch etwas weiter weg von München zu fahren. Zum Beispiel an den 120 Kilometer entfernten Waginger See, nordöstlich von Traunstein. Denn er gilt als der wärmste See Oberbayerns. Seine Wassertemperatur steigt bereits im Mai auf 21 bis 22 Grad. Im Hochsommer kann die Temperatur sogar 27 Grad erreichen. Ein Dorado für Wassersportler aller Art. Gleich sechs Monate lang lädt der See zu Badefreuden ein. Eine weitere Besonderheit dieser „Badewanne", die immerhin zwölf Kilometer lang ist und eine Wasserfläche von zehn Quadratkilometern bietet, ist der Naturschutz. Der Waginger See ist eines der wenigen oberbayerischen Gewässer, dessen Ufer nicht zugebaut sind.

Mitten in der bäuerlichen Kulturlandschaft des Rupertiwinkels liegt malerisch und von der Struktur her bogenförmig der Waginger-Tachinger See, eingebettet in von Feldern und Wiesen überzo-

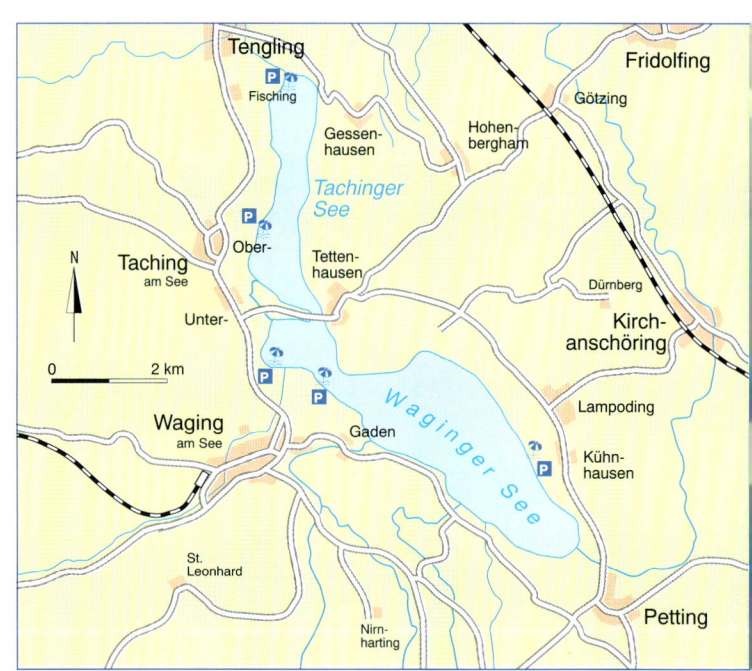

56

genen Hügeln. Der See besteht aus zwei Teilen: dem Tachinger See im Nordosten und dem eigentlichen Waginger See im Süden. Die Wasserqualität ist im Norden besser als im Süden. Über den Verbindungsteil der zwei Gewässer führt eine Brücke.

An den teilweise bewaldeten und hügeligen Ufern wechseln sich gepflegte Strände mit stacheliger, aber bezaubernder, weil blühender und duftender Urwildnis ab. In den Schilfgebieten brüten seltene Entenarten sowie Brachvogel, Wasserralle und Zwergrohrdommel. Der See ist nach wie vor ein Paradies für Fischer.

„Wasserratten" finden heute sechs Badeplätze vor. Drei Strandbäder werden besonders gern besucht: das Freibad von Tettenhausen, das „Seeteufel"-Bad zwischen Waging und Taching sowie das Freibad beim Waginger Strandkurhaus. Übrigens ist der Luftkurort Waging das touristische Zentrum am See. Außer einem hervorragenden Freizeitangebot wartet das Waginger Kurhaus mit einem Nobelrestaurant, dem Kurhausstüberl, auf. Kein geringerer als Star- und Meisterkoch Alfons Schubeck logiert hier. Mit auserlesenen Zutaten und raffinierten Rezepten verwöhnt er seine Gäste kulinarisch vom Feinsten.

Doch auch wer nur zum Baden an den Waginger See fährt, kommt voll auf seine Kosten. Mit 60 000 Quadratmetern ist es das größte Badedorado im Chiemgau. Es gibt natürlich auch stillere Winkel, die man bei einer Rundwanderung (31 Kilometer) um den See entdecken kann. Ein großartiger Blick über den See und seine hügelige Landschaft rundherum bietet sich dem Wanderer an der Wallfahrtskirche Maria Mühlberg bei Waging.

Strandduschen lassen sich auch zum Spielplatz umfunktionieren.

Der Waginger See gehört zu den wärmsten Seen Oberbayerns. Hier können auch die Kleinsten unbedenklich lange baden.

12

Leitgeringer See

Der Leitgeringer See ist ein idealer, warmer Badesee, umgeben von Wiesen, Feldern und Wäldern. Auf den unberührten Ufern macht das Wandern großen Spaß.

ANFAHRT
• mit dem Auto über die A8 oder über die B304 nach Altenmarkt und Tittmoning, dann beschildert

PARKEN
Parkplatz am Strandbad

BADEN
Strandbad im Süden des Sees (Eintritt DM 4,–), ein großer Teil des Sees ist unzugänglich

WASSERQUALITÄT
sehr gut

FREIZEITMÖGLICHKEITEN
Ruderbootverleih, Wanderung zum Bauerndorf Leitgering

EINKEHR
Imbiß am See, Restaurants und Cafés in Tittmoning (Fischspezialitäten!)

SEHENSWÜRDIGKEITEN
Altstadt und Burg Tittmoning

BESONDERHEIT
Natursee mit Campingplatz

ACHTUNG
Keine Tiere, Grillen verboten!

Warum nicht einmal noch weiterfahren? Zum Beispiel zum Leitgeringer See. 120 Kilometer von München entfernt, liegt er eingebettet in der Hügellandschaft des nördlichen Chiemgaus nahe der österreichischen Grenze. Es lohnt sich, denn dieses Gewässer, entstanden aus den Schmelzwassern des würmeiszeitlichen Salzachgletschers, bietet den Besuchern einen zauberhaften Anblick. An seiner Süd- und Westseite ist der Natursee von Wäldern umgeben. Felder und Weideland ziehen sich an der langsam ansteigenden Nord- und Ostseite entlang. Wie ein Juwel mutet die Oberfläche seines sauberen Wassers an, das seine Frische durch kleine Bäche bewahrt.

Der See hat nur eine Weite von 1,4 Quadratkilometern und eine maximale Tiefe von lediglich 14,5 Metern. Das bedeutet, daß er sich in den Sommermonaten sehr schnell erwärmt, was ihn zu einem idealen Badesee werden läßt. Hinzu kommt, daß seine geringe Größe Wassersport wie Segelregatten ausschließt. Auch die Zahl der Surfer hält sich in Grenzen.

Ein See, der vor allem den Badegästen vorbehalten bleibt. Am Südostufer finden die Besucher – unter ihnen erstaunlich viele Münchener – das städtische Seebad vor. Es ist ein schindelverkleideter, anmutiger Bau, dem sich waldumsäumte Liegewiesen angliedern. Sie sind selbst in der Hauptsaison nicht übervölkert. Daneben gibt es eine große Sonnenterrasse. Und wer sich etwas Bewegung verschaffen will, der kann gleich im Seebad ein Ruderboot mieten. Ein Spaß für die ganze Familie. Wenn man dann hungrig geworden ist, kann man sich so herrliche Fischspezialitäten wie Karpfen, Aale, Hechte, Zander oder Schleien – je nach Jahreszeit – zu Munde führen.

Neben der Badeanstalt, die natürlich mit sanitären Anlagen und Umkleidekabinen bestens ausgerüstet ist, liegt noch ein Campingplatz. Aber damit hat es sich dann auch schon. Die Ufer des Leitgeringer Sees sind nahezu unberührt. Da macht natürlich das Wandern Spaß. Der See kann auf einer Länge von 2,5 Kilometern auf Wald- und Wiesenwegen umrundet werden.

Bei schönem Wetter sollte man unbedingt das Bauerndorf Leitgering aufsuchen. Es liegt etwas oberhalb des Badeparadieses und bietet ein ganz anderes Paradies: Nämlich eine geradezu atemberaubende Fernsicht auf das südliche Alpenpanorama hinweg und über die Chiemgauer Berge bis zu den bizarren Felsgebilden des Kaisergebirges und der Loferer und Leoganger Steinberge. Von Leitgering aus bietet sich ein etwas weiterer Wanderweg in einer Schleife um den See an.

Weitere Wandermöglichkeiten gibt es in Fülle. Zum Beispiel kann man in einem etwa einstündigen Fußmarsch das auf Anhieb liebenswerte Städtchen Tittmoning im Salzachtal erreichen. Sein gewaltiger Stadtplatz ist nach Straubing der zweitgrößte bayerische Straßenplatz. Sehenswert ist es auch wegen seiner fast lückenlosen Reihe alter Bürgerhäuser. In der hochgelegenen Burg aus dem 13. Jahrhundert ist heute das Heimatmuseum untergebracht. Es zeigt Volkskunst, Möbel, Keramik und bäuerliches Gerät aus dem 16. und 17. Jahrhundert im Rupertiwinkel. Nach einem guten Fischessen sollte man sich den Zwei-Kilometer-Weg nach Tittmoning schon gestatten.

Der Leitgeringer See ist nur 1,4 Quadratkilometer groß, mit einer maximalen Tiefe von 14,5 Metern. So erwärmt sich der See im Sommer schnell und wird zu einem idealen Badegewässer.

13 Hödenauer See

Der einzige See in der gesamten oberbayerischen Seen- und Alpenlandschaft, in dem nach Herzenslust Wasserskisport betrieben werden kann.

Überall sonst in und nahe der Alpen haben – wenn Wassersport außer Schwimmen überhaupt gestattet ist – Segler und Surfer den Vorrang. Der Betrieb von Motorbooten ist meist völlig verboten. Damit ist auch Wasserski so gut wie unmöglich. Das sieht am Hödenauer See ganz anders aus.

In lieblichster Alpenlandschaft, am Fuße des Wilden-Kaiser-Gebirges gelegen und gleich neben den idyllischen Flußauen des Inns, hat sich ein Dorado für Wasserskisportler gebildet. Hier kann man Mono-, Doppel- oder Trickski, Hydroslide oder Sprungski fahren, ganz zu schweigen vom Slalom. Das Geheimnis dieser ungetrübten Wasserskifreuden ist der 60-PS-Elektromotor eines

Der Hödenauer See ist das Wasserskisport-Dorado der bayerischen Voralpenseen.

Wasserskilifts, der sauber und umweltfreundlich diese Sportfans über die glitzernde Fläche zieht.

Und das ohne störende Motorbootwellen. Die Strecke ist 757 Meter lang und beschreibt einen Fünfeckkurs, der mit verschiedenen Geschwindigkeiten gefahren werden kann. Geboten wird ein Wasserskiunterricht inklusive Leihski, Neoprenanzug oder Schwimmweste. Die Atmosphäre unter den Sportlern ist herzlich und offen.

Ein abgegrenzter Teil des Sees ist für Badegäste reserviert. Für das leibliche Wohl sorgt ein Strandcafé mit großer Terasse direkt am See. Wer es etwas abgeschiedener mag, dem ist der Kieferer See im Südosten von Kiefersfelden zu empfehlen. Der 100 mal 50 Meter große Baggersee liegt direkt neben dem Inn. Mit seinem leicht abfallenden Ufer ist er für Kinder besonders geeignet.

Ein ganz besonderes Ausflugsvergnügen bietet eine Fahrt mit der „Wachtl-Bahn" von Kiefersfelden zur Tiroler Grenze. Die blitzblanke Bahn ist der umweltfreundliche Nostalgiehit. Während des ganzen Ausflugs kann man das alpenländische Panorama mit Gipfeln, Wäldern und Almmatten bewundern.

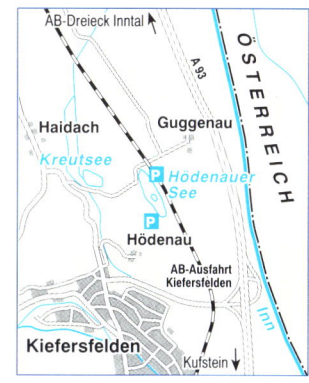

Die Absprungrampe des Wasserskilifts ist der ideale Treffpunkt, wo sportliche Erfahrungen ausgetauscht werden.

14

Schliersee

Der blaugrüne Schliersee ist ein Wassersportparadies. Man kann hier aber auch gut wandern: entweder rund um den See, raus in die Umgebung oder höher hinauf auf die Berge.

ANFAHRT
• mit der Bahn Richtung Bayrischzell;
• mit dem Auto über die A8/Ausfahrt Weyarn und dann über Miesbach auf der B307 (56 km)

PARKEN
am Bahnhof in Schliersee

BADEN
Strandbad (Eintritt DM 3,50; Kinder DM 2,–), Liegewiese mit teilweise steiniger Uferzone am Westufer des Sees

WASSERQUALITÄT
gut

FREIZEITMÖGLICHKEITEN
Surfen (Schule), Segeln, mehrere Bootsverleihe, Mountainbike, Wandern, Sommer-Rodelbahn

FÜR KINDER
Spielplatz, Stege, Sprungbrett im Strandbad

EINKEHR
Bistro im Strandbad

SEHENSWÜRDIGKEITEN
Burgruine Hohenwaldeck, Fischhausener Wallfahrtskirche St. Leonhard, St. Sixtuskirche

BESONDERHEIT
Insel Wörth in der Mitte des Sees, Strandbad behindertengerecht

ACHTUNG
Keine Tiere im Strandbad!

E r wird von vielen Münchenern oft links liegengelassen: de Schliersee im Voralpenland. Denn diese Wochenendausflügle wollen weiter, höher hinauf, um dann von oben das Schlierseeta zu betrachten, in dessen Mittelpunkt das blaugrüne Gewässe liegt. Der zwei Quadratkilometer große Alpensee ist zwar nicht de größte – der benachbarte Tegernsee mißt gleich viermal meh Wasserfläche –, aber landschaftlich viel zu schön, als daß man ihr nur aus der Vogelperspektive betrachten sollte.

Am eindrucksvollsten stellt man das fest, wenn man einfach ma um den See wandert. Nach sieben Kilometern oder eineinhalb Stunden ist man wieder am Ausgangspunkt und um einige Er lebnisse reicher. Im Süden beherrscht die fast 1683 Meter hoh Brecherspitze das Panorama. An der Ost- und Westseite des See schließen sich bewaldete Bergrücken an. Im Norden, am Ausfluß der Schlierach, öffnet sich der Talraum mit Endmoränenwellen ir das Oberland. Am Schliersee sind etwa die Hälfte der Ufer frei zu gänglich. Besonders einladend, weil freundlich gestaltet, ist de Seeuferbereich im Ortsteil Fischhausen.

Von Nordosten aus hat man einen traumhaften Blick zur Brecherspitze.

Auf dem See selber ist natürlich Wassersport in mannigfaltigster Form möglich. Ruder- und Schlauchbootkapitäne nehmen mit Vorliebe Kurs auf das Inselchen Wörth in der Mitte des Sees. Surfer und Segler finden auf diesem See nicht ganz so ideale Bedingungen vor wie auf den windreicheren anderen Alpengewässern. Allerdings mit einer Ausnahme: Bei Föhneinbruch sind Windstärken von 6 und 7 keine Seltenheit für Surfer. Hervorragende Bademöglichkeiten gibt es an zwei Stellen des Sees: Da ist zum einen das bezaubernd gelegene und sehr gepflegte Strandbad in Schliersee – hier kostet es Eintritt – und die Liegewiese am Westufer des Sees. Sie ist zu Fuß von Neuhaus und auch aus Richtung Schliersee-Ort zu erreichen. Hier ist der Eintritt frei. Eine ganze Reihe weiterer Sportmöglichkeiten ist geboten, zum Beispiel Tennis. Man kann Fahrräder, Ruder- und Segelboote und Surfbretter mieten.

Der Schliersee ist viel zu schön, um ihn nur aus der Vogelperspektive zu betrachten. Laufen Sie doch hinunter zum See, und wagen Sie einen Sprung ins kühle Naß!

15 Tegernsee

ANFAHRT
- mit der Bahn bis Tegernsee;
- mit dem Auto über die A8/Ausfahrt Holzkirchen, dann auf der B318 weitere 17 km

PARKEN
meist direkt am See (teilweise mit Parkschein)

BADEN
Strandbäder meist mit Liegewiese in Tegernsee, Rottach-Egern, Abwinkel, Wiessee und Kaltenbrunn

WASSERQUALITÄT
sehr gut

FREIZEITMÖGLICHKEITEN
fast jegliche Art des Wassersports (Segel- und Surfschule in Gmund), Wander- und Radwege

FÜR KINDER
in den Strandbädern zahlreiche Spielmöglichkeiten

EINKEHR
Kioske und unterschiedlichste Lokale rund um den See

SEHENSWÜRDIGKEITEN
Kloster in Tegernsee, Ägidiuskirche in Gmund, Quirinuskapelle, Spielkasino Bad Wiessee

Schon im Mittelalter war die Gegend am Tegernsee ein Anziehungspunkt und ein Ort des Wohlstands. Heute genauso faszinierend: die oberbayerische Landschaft und Kultur.

Er ist so etwas wie der Inbegriff Bayerns, zumindest für die Norddeutschen: der Tegernsee. Allsommerlich lockt er ganze Urlaubsscharen an. „An Größe ist er unter den oberbayerischen Seen der siebente, indem Chiem-, Starnberger-, Ammer-, Walchen- Waginger- und Kochelsee ihm vorangehen; aber an Schönheit ist nach dem Urteil vieler keiner mit ihm zu vergleichen." So be-

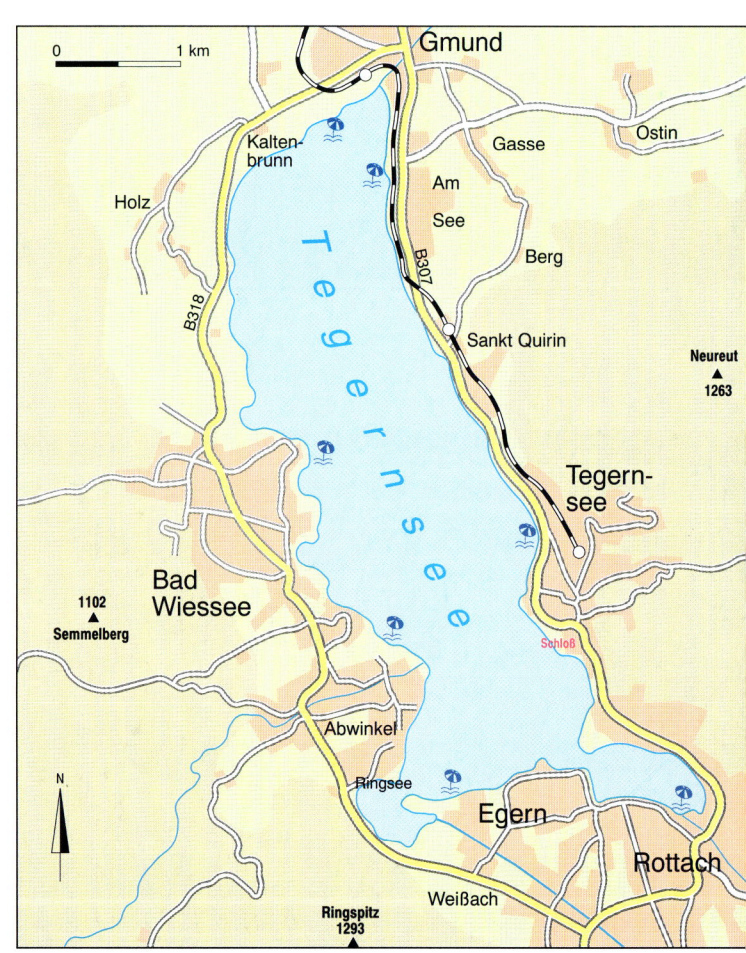

schrieb Noë 1865 die „Perle der bayerischen Seen". Seit Jahrtau-
senden zieht er die Menschen an.

Heute haben die begüterten Münchener ihren Zweitwohnsitz am
Tegernsee. Es gab allerdings eine Zeit, da war die Landeshauptstadt
eine zweite Niederlassung für die zu Wohlstand gekommenen
Tegernseer. Immerhin gründeten Mönche aus dem Quirinus-
kloster München. Alle Ortschaften rund um den Tegernsee haben
Strandbäder. Wohl mit das gemütlichste, weil auch kleinste, liegt
gleich im Norden, in Gmund. Allerdings: Die Wassertemperaturen steigen wie an allen anderen Badeplätzen am Tegernsee selbst
im Hochsommer kaum bis zu 22 Grad. Also, Vorsicht beim Sprung
ins kühle Naß. Nach dem Uhrzeigersinn liegen die anderen Bäder
in Tegernsee, Rottach-Egern, Abwinkel, Bad Wiessee und Kaltenbrunn. Für alle Orte gilt: Hier finden Familien einen idealen Badeplatz vor. Und das bei einer Wasserqualität allererster Güte. Sie ist
so gut, daß die Fischer wieder versuchen, den lachsähnlichen Saibling heranzuziehen. Fischen ist am Tegernsee groß angesagt, allerdings nur mit einem entsprechenden Schein.

Und vieles mehr wird geboten. Surfen zum Beispiel und Segeln.
Nur ein Tip: Direkt neben dem Seebad Gmund ist eine Segel- und
Surfschule. Hier erfährt man auch genau, wo diese Wassersportarten gestattet sind. Wildsurfer sind sehr ungern gesehen, da sie
nicht selten die Brutplätze der Wasservögel empfindlich stören. Ja,
und dann steht natürlich Wandern auf dem Plan. Es gibt wohl
keine oberbayerische Region, in der so viele Wanderpfade zu
finden sind, wie rund um den Tegernsee.

Idylle am See : Leise plätschern
die Wellen an die Pfosten der
Anlegestellen.

Auf dem Tegernsee kann man
surfen, segeln und rudern.

16

Kirchsee

ANFAHRT
• mit der S2 oder der Bahn bis Holzkirchen, mit dem Bus weiter bis Sachsenkam, rechter Hand liegt der See;
• mit dem Auto über die A8/Ausfahrt Holzkirchen, über die B13 Richtung Bad Tölz bis Sachsenkam

PARKEN
Parkplätze am nördlichen Ufer (Gebühr DM 5,–)

BADEN
nur ein kleiner Teil des Ufers ist zum Baden freigegeben; Liegewiese und Stege am nördlichen Ufer

WASSERQUALITÄT
sehr gut

FREIZEITMÖGLICHKEITEN
Segeln, Surfen, ideal zum Wandern

EINKEHR
„Klosterbräustüberl" Reutberg

SEHENSWÜRDIGKEITEN
Kloster Reutberg

BESONDERHEIT
Moorsee mitten im Naturschutzgebiet

ACHTUNG
Vom 15.5. bis 15.9. ist Segeln und Surfen strikt verboten!

Ein naturgeschützter, blitzsauberer Moorsee mit klösterlichem Ambiente; der Ausflug zur Loretokapelle – und zum Bräustüberl – des Klosters Reutberg ist sehr zu empfehlen.

Der Kirchsee trägt seinen Namen nicht zu Unrecht. Unmittelbar neben dem Moorsee erhebt sich Kloster Reutberg mit seiner alles überragenden Barockkirche. In den Sommermonaten geht es hier allerdings wenig kirchlich ruhig zu. Das dunkle Wasser lockt die Badenden gleich zu Tausenden an. Der See hat bei einer Länge von 1,3 Kilometern und einer Breite von maximal 450 Metern eine Tiefe von nur bis zu 16 Metern. An sehr warmen Tagen kann die Wassertemperatur bis auf 25 Grad steigen. Darüber hinaus kommen viele Münchener nur wegen der ausgezeichneten Brotzeit in das Bräustüberl des Franziskanerinnenklosters. Dann geht es an dem Gewässer bei Sachsenkam zwischen Holzkirchen und Bad Tölz eher wie auf einem Rummelplatz zu.

Was des einen Freud' ist des anderen Leid: Schon seit Jahren ist in der Zeit vom 15. Mai bis 15. September das Segeln und Surfen auf dem Kirchsee strikt verboten. Beim Landratsamt Bad Tölz heißt es dazu: Es gehe in erster Linie um die Sicherheit der zahlreichen Badegäste, die den Moorsee wegen seines warmen Wassers – es hat die Gütequalität I – und seiner geringen Breite gern durchschwim-

Abendstimmung am Kirchsee: An lauen Sommerabenden ist es herrlich, auf dem Anliegersteg zu sitzen und den Tag ausklingen zu lassen.

men. Im dunklen Wasser könne man einen Menschen nur schwer erkennen, so daß die Gefahr von „Zusammenstößen" besteht.

Große Schilder kennzeichnen gesperrte Uferbereiche, denn der Kirchsee liegt mitten im Naturschutzgebiet. Nur ein kleiner Teil des Ufers ist für den Badebetrieb freigegeben. Dazu gehört auch ein Streifen am Südufer, der nach einem viertelstündigen Fußmarsch zu erreichen ist und praktisch zu Füßen des Reutbergs liegt.

Ein Besuch des Klosters lohnt sich nicht nur wegen der ausgezeichneten Brotzeit im Bräustüberl. Die Geschichte des Franziskanerinnenklosters beginnt im Jahre 1606. Damals wurde das Gnadenbild der Muttergottes von Graf und Gräfin Papafava aus dem italienischen Loreto nach Bayern gebracht. Um 1618 entstand dann neben der Loretokapelle der Klosterbau. Die hier heute in Klausur lebenden Schwestern stellen übrigens wieder die Christkindl her, die sogenannten „Fatschenkindl". Dazu benutzen sie noch vorhandene alte Wachsgußformen.

Wer gern zu Fuß unterwegs ist, der findet in der Holzkirchener Wiesen- und Hügellandschaft, die von wilder, vielfältiger Naturschönheit geradezu überquillt, zahlreiche Wanderwege. Ein Beispiel: Vom Bahnhof Holzkirchen über den Marktplatz in die Tölzer Straße. Nach kurzer Wegstrecke rechts in die Holzgasse und von hier links in die Baumgartenstraße. Diesem Weg bis nach Baumgarten folgen. Die Straße überqueren und nach Buch weiterwandern. Von dort aus geht es nach Kleinhartpenning. Die weiteren Stationen sind Hackensee, Pelletsmühl, Reith, Stubenbach und Kirchsee. Die Wanderzeit beträgt etwa drei Stunden.

Badespaß für Kinder pur und ungetrübt: Segeln und surfen ist vom 15.Mai bis 15.September verboten!

17 Bibisee

ANFAHRT
• mit dem Auto auf der A 95 bis Wolfratshausen, dann auf der B 11 bis Geretsried, von hier beschildert

PARKEN
Parkplätze am Nordufer

BADEN
Der ganze See ist jetzt öffentliches Badegelände, flacher Einstieg (Eintritt DM 4,–; Kinder ab 6 Jahren DM 2,–), kleiner FKK-Abschnitt (300 m), Badeinsel in der Seemitte, Heißwasserduschen

WASSERQUALITÄT
gut

FÜR KINDER
Kinderplanschbecken, Wasserrutsche, Sandkasten

EINKEHR
Gaststätte mit großem Grill und Biergarten

BESONDERHEIT
Parzellen-Mieter, Biotop, Weinfest im August

„Wo sich der Fisch wohlfühlt, da geht es auch dem Menschen gut."
Der Bibisee ist eine familiengerechte Wochenendidylle – ein Ferienparadies auf Parzellen zu kleinen Preisen.

Unter den Seen im Münchener Umland ist er zwar nicht der größte, aber von seiner Originalität her einsame Spitze: der Bibisee. Nahe der Autobahn München – Garmisch gelegen, zwischen Geretsried und Königsdorf im Landkreis Bad Tölz – Wolfratshausen, nur 30 Autominuten von München entfernt. Der Kiesentnahme für die Autobahn verdankt er sein Entstehen. Ein Baggersee also, doch einer der besonderen Art. Schon sein Name ist ungewöhnlich. Er leitet sich vom Besitzer des Geländes her, Cornelius Kutschke aus Königsdorf, Bibi genannt. Heute verbindet sich mit diesem Namen der Gedanke an einen zauberhaften, von Waldgebiet umsäumten See, an den es schon vor zwölf Jahren die ersten Münchener zog.

Cornelius Kutschke erzählt: „Auf meinem landwirtschaftlich genutzten Gelände fanden die Straßenbauer den Kies zum Brückenbau der Autobahn. Mir kam eigentlich sehr schnell der Gedanke aus dem so entstehenden Grundwassersee ein Erholungsgebiet zu schaffen. Dabei war es wichtig, einen Teil der Abraumgrube nicht ganz ausheben zu lassen. Ich wollte an einer breiten Stelle ein allmählich sich absenkendes Gelände ins Wasser und verzichtete deshalb auf weitere Kiespfennige." Die Kinder wissen es ihm heute zu danken. Sie können sich in einer 5000 Quadratmeter großen Wasserflachzone tummeln, die zum tieferen Teil des Baggersees mit Stangen abgesichert ist. Dazu gibt es noch ein Planschbecken für die ganz Kleinen. Für Sicherheit ist ohnehin gesorgt. Das Kieswerkhaus ist stehengeblieben, in ihm ist heute die Wasserwacht untergebracht, zu deren ehrenamtlichen Mitgliedern auch Kutschke zählt. Eltern können hier unbesorgt sein. Ungefährlicher Superspaß ist für die Kinder eine 50 Meter lange Wasserrutsche. Ein Eigenbau des Cornelius Kutschke, selbstverständlich vom TÜV geprüft.

Die Eigenart des Sees aber machen seine Parzellen aus, die neben einer weitflächigen Erholungswiese liegen – das gesamte Ferienparadies hat 17 Hektar. Hier wollte der Besitzer den Traum so manchen Großstädters verwirklichen. Es ist ihm gelungen.

Schon seit über zwölf Jahren haben sich an diesem Ufer Münchener Familien niedergelassen, um hier in Ruhe ihr Wochenende und sogar ihren ganzen Urlaub zu verbringen. Eine Hausfrau aus München-Giesing, Mutter von zwei Kindern, erzählt: „Mein Mann und ich haben vor zwölf Jahren diesen herrlichen See bei einem Ausflug entdeckt. Und dann lasen wir in einem Anzeigenblatt, daß man dort eine Parzelle mieten könnte. Heute sind wir hier glücklich. Wir kommen an jedem schönen Wochenende heraus. Wir können auch mit Nachbarn grillen. Es ist wie eine einzige große Familie."

Inzwischen sind bis an die 80 Prozent der Parzellen fest in Münchener Hand. Zum Bibisee kommen aber auch genervte, wohlbetuchte Anrainer des Starnberger Sees. Denn am Bibisee, dessen Wassertemperatur bis zu 23 Grad steigt, finden sie das, was sie an ihrem eigenen Ufer vermissen: Ruhe.

Sie ist selbst dann geboten, wenn an Hochsommer-Wochenenden bis zu 2000 Besucher an diesen Baggersee strömen. Wobei – wieder eine Besonderheit – an Parkplätzen kein Mangel herrscht. Die glücklichen Pächter können mit ihrem Wagen fast direkt an ihre Parzelle fahren und dort bequem ihr Grillgut ausladen. Den anderen Badegästen steht ein Kiosk zur Verfügung, mit Leichtem bis Deftigem zu sehr günstigen Preisen.

Und dann die Feste: Im August zur Bade-Hochsaison ist ein Weinfest angesagt. Dabei wird nicht selten ein frisch gefangener Hecht an Ort und Stelle ausgenommen und gegrillt. Zum Abschluß ein Little Oktoberfest für alle Pächter und sonstigen Gäste.

Der Bibisee ist bis zu 80 Prozent in Parzellen aufgeteilt, die Münchener Wochenendausflügler gemietet haben. Doch auch die nicht „Claiminhaber" haben eine Chance, einen Badeplatz zu finden.

18

Schönauer Weiher

Im Süden und Südwesten von München

*Unverfälschte und ruhige Badeidylle im Schatten eines Kurbads:
der Schönauer Weiher. Der ursprünglich künstlich angelegte See
dient auch heute noch als Fischweiher.*

Er gehört mit seinen 28 080 Quadratmetern – einschließlich Liegewiese – zu den kleinsten Badeseen Oberbayerns. Aber es ist ein See der besonderen Art. Wer Jubel und Trubel sucht, ist hier fehl am Platz. An diesem Weiher der Gemeinde Bad Heilbrunn, zwischen Isar und Loisach gelegen, ist Ruhe in einer fast unberührten Natur angesagt. Spaziergänger und Wanderer kommen voll auf ihre Kosten. Und dabei gibt es eine ganze Menge zu erleben – bei voller Erholung.

Doch zunächst: Der Schönauer Weiher wurde vom Kloster Benediktbeuren als künstliches Gewässer angelegt, hauptsächlich für die Fischzucht. Auch heute noch dient der See als Fischweiher, von der Gemeinde an den Königsdorfer Fischereiverein verpachtet, und seit Jahrzehnten auch als Badeparadies. 1972 wurden hier Umkleidekabinen, Toiletten und Duschen installiert. Alles ist voll in Schuß erhalten, bei freiem Eintritt.

Nun zu den Besonderheiten: Bekannt wurde der Ort schon vor Jahrhunderten durch seine Adelheidquelle. Sie gehört zu den ganz wenigen Jodquellen in Deutschland, die frei von Schwefelwasser-

**Der Schönauer Weiher gehört
zu den etwas stilleren Seen.
Ruhe und Idylle stehen hier im
Vordergrund.**

stoff sind. Das wissen besonders Kurgäste zu schätzen, die geruchs- und geschmacksempfindlich sind. In früheren Zeiten wurde hier vorwiegend die Gicht kuriert. Deshalb haben im 13. Jahrhundert Benediktinermönche den Gichtpatron St. Kilian zum Brunnenschutzheiligen gewählt. In den Annalen des Klosters Benediktbeuern wird anno 1159 die Quelle erstmals erwähnt. Sie war – man höre und staune – schon in vorchristlicher Zeit bekannt. Heute werden hier sehr viel mehr Heilverfahren für bestimmte Leiden angeboten: Herz- und Kreislaufleiden gehören dazu, ebenso Rekonvaleszenz, Frauenleiden, Nervenleiden, rheumatische Erkrankungen oder Augenleiden.

Übrigens hat der Name Adelheid eine besondere Bewandtnis. 1832 verlieh Ludwig I. von Bayern dem heilkräftigen Jodbrunnen den Namen Adelheid. Dabei der bayerischen Kurfürstin Adelheid gedenkend, die hier 1659 nach einer Kur von ihrer siebenjährigen Kinderlosigkeit genesen war. Als „irdischer Dank" für die Geburt des Stammhalters Max Emanuel wurde in München von Kurfürst Ferdinand Maria die berühmte Theatinerkirche errichtet.

Auf der Spur von Heilquellen sind heute in Heilbrunn eine ganze Menge anderer Leute. So finden zum Beispiel auf einem angelegten Lehrpfad regelmäßig Kurse für Wünschelrutengänger statt. Ebenso begeisterte Anhänger finden Kräuter- und Naturführungen durch die unverfälschte Umgebung des Schönauer Weihers. Schließlich wird auch demjenigen geholfen, der es gern etwas aktiver mag. Er kann sich nach Herzenslust im Sportpark Bad Heilbrunn austoben. Tennis, Squash und Fitneßanlagen erwarten ihn.

Der Fischweiher gilt seit 1972 auch als Badeparadies: Bei freiem Eintritt bekommt man den Service von Umkleidekabinen und Duschen, dazu einen stimmungsvollen Blick über den See.

19

Sylvenstein-Stausee

Im Süden und Südwesten von München

Erst Wandern, dann Baden, lautet das Motto für Sylvensteinsee-Fans.
Vor der Erfrischung im Stausee bieten sich Ausflüge ins Bächental
oder in die einsamen Bergwälder an.

ANFAHRT
• mit dem Auto auf der
A8/Ausfahrt Hofolding
oder Holzkirchen, dann
auf der B13 bis Bad Tölz–
Lenggries

PARKEN
rund um den See; Park-
plätze bei Fall

BADEN
rund um den See Wiese
bzw. Steine, am schwer zugänglichen Nordwestufer
FKK möglich

WASSERQUALITÄT
sehr gut

FREIZEITMÖGLICHKEITEN
Boot-Slipanlage, Surfen,
Segeln, aber meist schlech-
ter Wind, viele Wander-
wege

EINKEHR
keine Möglichkeit in der
Nähe

ACHTUNG
Verpflegung selbst mit-
bringen!

Das letzte Haus vom alten Fall wurde 1959 in die Luft gesprengt. Damit war das Schicksal des idyllischen Ortes, den Ludwig Ganghofer in seinem Roman „Der Jäger von Fall" berühmt gemacht hatte, für alle Zeiten besiegelt. Der Ort war dem Erdboden gleichgemacht, unter den Fluten des Stausees verschwunden. Bei Dürrezeiten kann man nur noch seine Grundmauern sehen. Heute, 30 Jahre später, hat sich dieser künstliche See, der sich wie ein Fjord in die Landschaft einfügt, zu einem wahren Freizeitparadies entwickelt. Das liegt einmal daran, daß an ihm nichts künstlich wirkt und hier, wie sonst nirgends an den oberbayerischen Seen, noch eine ganze Portion Freiheit herrscht. Weder Behörden noch Uferbesitzer gängeln den Besucher. Das gesamte romantisch-ursprüngliche Ufer ist überall frei zugänglich. Hatten sich an anderen Gewässern die Mächtigen und Reichen über die Jahrhunderte die schönsten Fleckerl gesichert, am Sylvenstein fanden sie bislang noch keine Gelegenheit.

Der Sylvenstein-Stausee, im sogenannten Isarwinkel 14 Kilometer von Lenggries entfernt gebaut, ist kein Energiespender wie die

Bevor man in die kühlen Fluten
des Sylvenstein-Stausees
springt, sollte man eine zünf-
tige Wanderung hinter sich
haben.

vielen anderen Stauseen der Alpen. Er wurde in den fünfziger Jahren geplant, um vor allem den verheerenden Überschwemmungen, die besonders in den Jahrzehnten zuvor aufgetreten waren, endgültig einen Riegel vorschieben zu können. Und außerdem sollte er eine Art „Wiedergutmachungsspeicher" sein, um die in normalen Zeiten durch die Wasserentnahme der Elektrizitätswerke ausgedörrte Isar wieder etwas in Fluß zu halten. Dabei entstand ein See, der sogar nach Meinung von Landschaftsschützern eine gelungene Bereicherung der oberbayerischen Seengebiete ist. Der Stausee kann sein Gesicht radikal verändern. Je nach dem Wasserspiegel wächst seine Fläche von einem bis zu sechs Quadratkilometern an. Die maximale Tiefe beträgt dann 35 Meter. Im Sommer kann er sich bis zu 22 Grad erwärmen, das ist allerdings selten der Fall. Die Wasserqualität hat die Güteklasse I. Bei diesen Voraussetzungen ist es kein Wunder, daß sich an diesem See nicht nur Wanderer, sondern auch viele Badegäste einfinden. Baden kann man je nach Kälteempfindlichkeit an vier Stellen. Am bequemsten ist es an der Landzunge des neuen Ortes Fall, der allerdings mit der untergegangenen Ortschaft nur noch den Namen gemeinsam hat. Hier gibt es eine Liegewiese, eine Wasserwachtstation, einen Parkplatz und sogar eine Boot-Slipanlage. Das Segel- und Surfvergnügen ist eher bescheiden. Nur wenn der Föhn bläst, kommen hier Könner auf ihre Kosten.

Ursprünglicher geht es im Westen auf den flachen Kiesbänken am Isareinfluß zu. Und am verschwiegensten ist es am schwer zugänglichen Nordwestufer (beliebt bei FKK-Anhängern).

Der Stausee kann sein Gesicht vehement verändern: Je nach Wasserspiegel wächst seine Fläche von einem bis zu sechs Quadratkilometern.

20

Walchensee

ANFAHRT
• mit dem Auto auf der B11 über Kochel bis zum Ort Walchensee

PARKEN
siehe Karte

BADEN
rund um den See, teilweise felsig, steiler Einstieg

WASSERQUALITÄT
sehr gut

FREIZEITMÖGLICHKEITEN
fast jegliche Art von Wassersport, Mountainbike, Bergsteigen (Herzogstandbahn!)

EINKEHR
Gaststätten und Biergärten in Walchensee und Urfeld

BESONDERHEIT
See liegt im Landschaftsschutzgebiet

ACHTUNG
Keine Tiere, Grillen verboten!

Goethe, Ludwig II., der Maler Lovis Corinth: Sie alle bewunderten den Walchensee. Ob ein Seeungeheuer am Grunde liegt oder gar ein Schatz – das Vergnügen ist jedenfalls ungetrübt.

Er gilt für viele Münchener Badefreunde und Surfer als die Nummer eins: der Walchensee. Nur 60 Autominuten von der Landeshauptstadt entfernt, erwartet den Besucher ein Freizeitparadies, das einst schon Goethe begeisterte. Kein Wunder, denn bis auf den heutigen Tag haben sich die Orte Walchensee, Urfeld und Einsiedl ihren natürlichen, ländlichen Charakter erhalten, inmitten einer zauberhaft schönen Voralpenlandschaft, die zum Wandern geschaffen ist. Der sieben Kilometer lange und bis zu vier Kilometer breite, türkisblaue See liegt 803 Meter über dem Meeresspiegel. Er ist rundum begehbar und frei vom Schmutz und Lärm der auf vielen anderen Seen anzutreffenden Motorboote. Be-

Rund um den Walchensee führen gut gepflegte Wander- und Spazierwege. Wer es alpiner will, dem sei der Lieblingsberg Ludwigs II., der Herzogstand, empfohlen. Dort oben lockt ein herrlicher Blick ins Voralpenland.

74

sondere Kennzeichen: sauberes Wasser (im Sommer bis 22 Grad warm), reich bewaldete Hügel und eine nebelfreie Höhenlage im Landschaftsschutzgebiet.

Er ist wirklich malerisch, dieser See, und wirkt schon deshalb wie ein Magnet auf Erholungssuchende und Aktivurlauber. Zum Baden laden besonders auch für Kinder geeignete windgeschützte und gepflegte Seeufer ein. Weiter draußen geht es etwas windiger zu: Segler und Surfer schwärmen vom idealen „Walchenseewind". Zu den besten Seefreunden zählen auch noch Angler. Von März bis September fischen sie aus den Tiefen „Spezialitäten" wie Saibling, Renke, Forelle und Hecht. Für Wanderer locken in der Umgebung Bergbäche – ideal für ein kühles Fußbad –, schattige Plätze unter großen Bäumen und mitunter der unverhoffte Anblick einer Gemse, die sich auf einem Felsvorsprung sonnt. Besonders zu empfehlen ist ein Ausflug auf den Walchenseer „Hausberg", den Herzogstand. Er war der Lieblingsberg des „Kini". Dort oben – in 1590 Metern Höhe – wurde aus einem blaublütigen Jagdhaus im Laufe der Zeit eine gern besuchte Berggaststätte, die mit einer passablen Küche deftige Brotzeit anbietet.

Wer einen so schönen Tag erwischt, sollte von der Möglichkeit Gebrauch machen, den See mit einem Ruder- oder Tretboot zu erkunden.

21

Kochelsee

Kalt ist er schon, der Kochelsee. Einen reizvollen Ausgleich bieten beheizte Bäder, Boot-Wander-Touren, Wanderungen zu den Vogelparadiesen im Moor und sehenswerten Museen.

ANFAHRT
• mit der Bahn nach Kochel am See;
• mit dem Auto auf der A95/Ausfahrt Kochel

PARKEN
Parkplätze am See

BADEN
zwischen Kochel und Altjoch, an der Loisachmündung bei Schlehdorf, kalt! Freizeitbad „Trimini" (Tageskarte DM 15,–)

WASSERQUALITÄT
gut

FREIZEITMÖGLICHKEITEN
Bootsverleih, schlechte Windbedingungen für Surfer und Segler, kombinierte Boot-Wander-Touren

EINKEHR
Restaurants in Kochel

SEHENSWÜRDIGKEITEN
Kloster St. Tertuli, Freilichtmuseum Glentleiten, Vogelparadies in den Loisach-Kochelsee-Mooren, Franz-Marc-Museum

BESONDERHEIT
Schiffsverkehr vom 1.5. bis 15.9.

ACHTUNG
Vom 20.3. bis 15.7. Betretungsverbot ausgewiesener Flächen wegen Wiesenbrütern, Grillen verboten!

Vom Kochelsee ist es nur ein Katzensprung zum sehenswerten Kloster St. Tertuli in Schlehdorf.

Die älteren Anwohner können sich noch daran erinnern, daß sie als Kinder in einem „bacherlwarmen" Kochelsee gebadet haben. Aber das ist längst vorbei. Nach dem Bau des Walchensee-Kraftwerks in den Jahren 1918 bis 1924 am Fuße des Kesselbergs strömt bis Juli kaltes Schneewasser vom Walchensee durch das sechs Quadratkilometer große und bis zu 66 Meter tiefe Gewässer. Die Wassertemperaturen steigen deshalb außer an einigen flachen, aber verschlickten Uferstellen selbst im Hochsommer kaum über 20 Grad. Die Badefreuden vor der Kulisse der Kocheler Berge am Alpenrand sind also recht eingeschränkt.

Aber die Kocheler ließen sich etwas einfallen: Sie bauten ein Super-Bade- und Freizeitzentrum direkt am See mit einem beheizten 50-Meter-Freibecken mit zwei Wasserrutschen (90 und 160 Meter), Solarium, Whirlpool, Sauna, einem Restaurant, Spielplätzen und, und, und. „Trimini" heißt die nunmehr 26 Jahre alte, aber immer auf dem neuesten Stand gehaltene Anlage.

Es gibt noch weitere Erholungs- und Freizeitflächen, so auf den Uferstreifen zwischen Kochel und Altjoch direkt am Kesselberg

sowie an der Loisachmündung bei Schlehdorf. Aber das ist nur etwas für abgehärtete Schwimmer.

Das in den Kochelsee einströmende kalte, aber saubere Wasser des Walchensees hat auch seine Vorteile. In diesem Gewässer gedeihen Forellen, Renken, Hechte und Aale vortrefflich. Es gibt auch Karpfen, Schleien und Brachsen. Ganz wichtig dabei sind die weiten Laichplätze in den breiten Schilfgürteln im Norden und Westen des Sees, der übrigens recht windstill im Bergschatten liegt. Das wiederum läßt hier selbst an sommerlichen Wochenenden kein Dorado für Surfer und Segler entstehen.

Sehr viel besser haben es die Wanderer, die auf zahlreichen Wanderwegen in Ruhe die landschaftliche Schönheit des Kochelseegebietes genießen können. Der See selber läßt sich auf einem Schiff oder bei einer kombinierten Boot-Wander-Tour umrunden.

Wer vom Wandern genug hat, kann sich eines der zahlreichen Boote leihen, um die eindrucksvolle Aussicht zu genießen.

22

Osterseen

Der Große Ostersee hat seinen Namen nicht vom Osterfest,
sondern von der Fruchtbarkeitsgöttin Ostara. Bei Dämmerlicht
spuken vielleicht auch heute noch ein paar Wassergeister.

ANFAHRT
• mit der Bahn nach Seeshaupt oder Iffeldorf (Bahnstation Staltach) und weiter mit dem Rad;
• mit dem Auto auf der A95/Ausfahrt Iffeldorf, auf der Landstraße nach rechts und der Beschilderung folgen

PARKEN
direkt am Fohnsee (Gebühr DM 5,– ganztags)

BADEN
am großen Ostersee und am Fohnsee nur an ausgewiesenen Plätzen

WASSERQUALITÄT
sehr gut

FREIZEITMÖGLICHKEITEN
gut beschilderte Rad- und Wanderwege

EINKEHR
Restaurant mit Biergarten am Fohnsee

SEHENSWÜRDIGKEITEN
Zwiebelturmkirche St. Vitus in Iffeldorf, oberhalb die Heuwinkl-Kapelle

BESONDERHEIT
Paradies für Naturfreunde (Wanderer und Vogelliebhaber)

ACHTUNG
Segeln und Surfen auf beiden Seen verboten!

Ein Paradies für Naturfreunde. Die Osterseen im Süden Münchens (Entfernung von der City ca. 50 Kilometer) liegen unmittelbar hinter Seeshaupt am Starnberger See mit einer Gesamtfläche von rund 1000 Hektar. Nur am Wochenende wird es etwas eng. Denn dann kommen die Wasserratten aus München. Mehr als 20 größere und kleine Tümpel und Weiher reihen sich hier hintereinander. Mit einer Wasserqualität der Güte I, unbelastet bis sehr gering belastet. Baden darf man nur an besonders ausgewiesenen Plätzen am Großen Ostersee und am Fohnsee. Die Wassertemperaturen erreichen hier an Hochsommertagen bis zu 25 Grad.
Gleich nach der BAB-Abfahrt Iffeldorf beginnt das ruhige Gebiet für Tiere, Pflanzen und lärmmüde Stadtbewohner. Die Tümpel und Weiher glitzern zwischen Hochmooren und Moränen. Eine ideale Landschaft zum Wandern. Die Rundwege sind drei bis 30 Kilometer lang. Moore, dichte Schilfgürtel, Wälder, ein nur noch selten anzutreffender Vogel- und Pflanzenreichtum, dahinter – nicht nur bei Föhn – ein phantastisches Alpenpanorama, von der Benediktenwand über das Karwendelgebirge bis zur Zugspitze.

Bei einer Wanderung an den Osterseen stößt der aufmerksame Beobachter auf seltene Vogel- und Pflanzenarten.

Entstanden sind die Osterseen vor rund 10000 Jahren, am Ende der Würmeiszeit, als die Gletscher durch einen Klimaumschwung plötzlich abschmolzen und das Geröll ringsum liegen ließen. Die Reste der Eisberge versperrten sich damit selber den Abfluß. Ihre Ausläufer sind die heutigen Osterseen.

17 Tafeln informieren über die Hauptwanderrouten, etwa über die reizvolle Tour rund um den Großen Ostersee. Sie dauert etwa vier Stunden. Zu sehen gibt es die verschiedensten und anderswo immer seltener werdenden Vogelarten wie Wildgänse, Eichelhäher oder Fischadler. Hier empfiehlt es sich, ein Fernglas mitzunehmen. Und am Wegrand blühen in üppiger Pracht Sumpfdotterblumen, Türkenbund oder Wildrosen.

Für den Kunstbeflissenen gibt es auch in dieser Gegend viel zu sehen. So zum Beispiel in Iffeldorf, das am südlichsten Ostersee, dem Sengsee, gelegen ist, die anmutige Zwiebelturmkirche St. Vitus mit einem schmucken Barockraum. Da ist das Deckenfresko von Johann Jakob Zeiller, der auch Benediktbeuren und Ettal ausgemalt hat. Es zeigt das Martyrium des heiligen Veit im siedenden Ölkessel. Im Volksglauben wurde dieser Marterkessel zum Nachttopf und der Heilige damit zum Patron der Bettnässer.

Das eigentliche Wahrzeichen der Osterseen ist die Heuwinkl-Kapelle, etwas oberhalb von Iffeldorf. Wer zu diesem Dorf wandert, der ist beim erstenmal etwas verblüfft über das riesige Osterei, das plötzlich aus den grünen Wiesen auftaucht. Die originelle Kuppel wurde 1701 errichtet. Das Innere ist ein Rokoko-Schmuckkasten, der ein besonderes Juwel birgt: eine gotische Gnadenmadonna.

Müde vom Wandern? Da bringt ein kühles Bad Erfrischung. Dazu sollte man sich aber immer auf einen der ausgewiesenen Badeplätze am Großen Ostersee oder am Fohnsee begeben.

23 Starnberger See

Im Süden und Südwesten von München

Am größten See des „Starnberger Fünf-Seen-Landes" ist alles geboten: Badevergnügen, Wassersport, Wander- und Radlmöglichkeiten aller Art, Dampferfahrten, aber auch kulturelle Vergnügen.

Ein See mit Geschichte, die bis zur Eiszeit reicht, denn daher stammt er. Ein See mit Histörchen und auch Tragik. Ein See, de schon immer die Menschen faszinierte, ihnen Lust und Ver gnügen versprach und gab. Da war in der Vergangenheit aller voran Märchenkönig Ludwig II., der hier die Kaiserin Sisi traf und später in den Wellen einen rätselhaften Tod fand. Adelige gleich

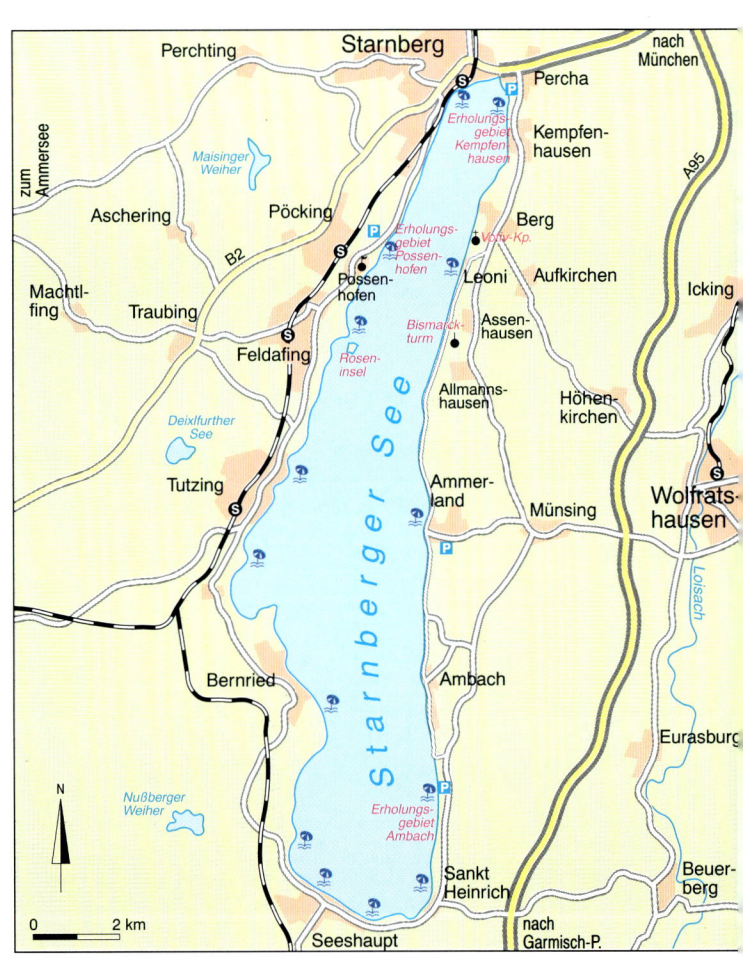

hm durchzogen in Luxusschiffen das Wasser, wie Kurfürst Ferdinand Maria, der sich im 17. Jahrhundert zu dem Prachtschiff „Bucentaur" nach venezianischem Vorbild eine Luxusflotte bauen ließ. König Max II. gab 1857 das Dampfschiff „Tristan" in Auftrag, mit dem dann Ludwig II. über den See kreuzte. Schon längst erkannt: Es ist der Starnberger See, heute die beliebteste Freizeitoase der Münchener und Reiseziel vieler Auswärtiger.

Er ist mit einer Länge von 21 Kilometern bei einer Breite bis zu fünf Kilometern und einer Tiefe von 123 Metern nach dem Chiemsee der zweitgrößte See Oberbayerns und der größte im sogenannten „Starnberger Fünf-Seen-Land". Die günstigen Windverhältnisse am Fuß der Alpen machen ihn zu einem idealen Segelrevier. Es gibt 15 Segelhäfen und nicht weniger als vier Bootswerften. Von Frühjahr bis Herbst starten hier fast an jedem Wochenende internationale Regatten.

Der Wanderer findet ein Panorama vor, das ihn immer weiter treibt zu all den Schönheiten der Moränenlandschaft mit all den Sehenswürdigkeiten. Dazu bei Föhn der Blick auf die Alpenkette von der Zugspitze im Westen bis zur Benediktenwand im Osten. Dann glaubt man wirklich an einem Alpensee zu sein. Und das auf einer Rundstrecke von etwa 52 Kilometern.

Start in Starnberg: Diesem einstigen Fischerdorf, heute Kreisstadt, verdankt das Gewässer seit 1962 amtlich seinen Namen, denn früher hieß er Würmsee. Nach dem Fluß, der ihn durchzieht und mit frischem Wasser versorgt. Was die Sauberkeit des Wassers betrifft, so stellte Professor Arnulf Melzer von der Technischen Uni-

Auch wenn die Haltungsnoten noch nicht überzeugen: Spaß kann man trotzdem haben.

Der Herbst vertreibt die Sonnenhungrigen vom See. Jetzt kommen die auf ihre Kosten, die ruhige Momente bevorzugen.

versität München fest: „So sauber wie um die Jahrhundertwende ist der Starnberger See zwar noch nicht, aber er ist auf dem Weg dorthin." Nach der Ringkanalisation sei der See nur noch mäßig belastet. Keine Sorge: Ideal für Wasserratten ist und bleibt der Starnberger Wasserpark mit seinem Strandbad, einem modernen Hallenbad mit Wasserrutsche, Sauna, Dampfbad, Whirlpool und Solarium. Nur etwa zwei Kilometer davon entfernt lädt das Freizeitgebiet Kempfenhausen des „Vereins Erholungsgebiete" zum Baden und Surfen ein. Mit 6,5 Hektar Liegewiesen und ganzjährig bewirtschafteter Gaststätte. Achtung: Die 400 Parkplätze sind an schönen Tagen meist überfüllt. Also dann doch lieber mit der S-Bahn nach Starnberg und die zwei Kilometer wandern. Bis zum 95 Meter langen Badesteg, dem längsten am Starnberger See.

Die Wildgänse haben sich an die Menschenmassen gewöhnt. Ihr Zutrauen wird oft mit einer leckeren Mahlzeit belohnt.

Von Starnberg aus rund um den See

Zurück nach Starnberg. Es lohnt sich ein Bummel über die Seepromenade, von der aus auch die Dampferrundfahrten starten. Noch ein Hinweis: Das Flaggschiff der Weiß-Blauen Flotte auf dem

Warum denn ins Büro? Die Zeitung kann man auch am Strand lesen.

Starnberger See, die „Seeshaupt", wurde erst vor kurzem von Grund auf renoviert und neu eingerichtet. Auf dem Oberdeck des 900 Passagiere fassenden Dampfers befindet sich jetzt ein Sonnendeck mit Liegestühlen. Und für die kleinen Gäste wurde eine Spielecke mit Rutsche eingerichtet. Ihr berühmter „Vorgänger", nämlich der schon erwähnte „Bucentaur", ist als Modell mit einer historischen Lampe im Starnberger Heimatmuseum zu besichtigen. Dies ist ein bäuerliches Blockhaus, das einen eindrucksvollen Überblick über das Leben und Wohnen im einstigen Starnberg gibt. Ein besonderes Prachtstück ist die von Ignaz Günther 1755 geschaffene Barockstatue „Die Heilige". Zu den weiteren Sehenswürdigkeiten zählen die Josephskirche mit ihrem spätbarocken Hochaltar und die Valentinskirche in Percha mit einem einmaligen Glasgemälde aus dem Jahre 1493.

Ein Sprung nach Berg. Hier fand Ludwig II. am 13. Juni 1886 sein tragisches Ende. Hier versammeln sich Ludwig-Fans alljährlich zum Todestag beim Gedenkkreuz vor der Votivkapelle. Etwas weiter südlich, gleich nach Leoni, findet der Wanderer hoch über dem Seeufer den Bismarck-Turm. Es bietet sich hier ein herrlicher

Wer den Starnberger See nur am Tag kennt, kennt ihn gar nicht. Der Abend zaubert verträumte Bilder herbei.

Blick über den See. Dann geht es am Ostufer weiter nach Ambach zum 58 Hektar großen attraktiven Freizeitgelände des „Verein Erholungsgebiete" mit 2640 Parkplätzen und einem 2,5 Kilometer langen Seeufer. Weiter im Süden wartet der Badeplatz der Gemeinde Münsing auf die Erholungsuchenden. Seit Sommer 1992 ist er für die Allgemeinheit geöffnet und nicht wie bislang nur für ADAC-Mitglieder. Hohe, alte Bäume schirmen den Platz gegen Verkehrslärm ab. Der Blick reicht bei klarem Wetter auf das Karwendel und die Zugspitze. Der Badeplatz mit frischen, grünen Liegewiesen ist etwa drei Hektar groß mit einem Seeufer von fast 400 Metern. Ein idyllisches Fleckchen Erde für die ganze Familie Geboten werden Tischtennisplatten, Federball- und Schachplatz Liegestühle und Tretboote.

Ein Stückchen weiter kommen wir nach Seeshaupt. Wer immer Entspannung und Erholung abseits des Trubels sucht, hier, an der Südspitze des Starnberger Sees, findet er sie. Ein Spazierweg mit sehr schönen Ausblicken führt durch den Park bis nach Bernried Besonders sehenswert ist die Gedenksäule am Dampfersteg aus dem Jahre 1522. Hier traf sich einst das Seegericht. Ein Abstecher lohnt sich zum Kircherl in Jenhausen mit Deckenbildern aus der Zeit um 1730.

Von Seeshaupt über Bernried und Tutzing nach Possenhofen

Fast vor der Haustür beginnt das unter Naturschutz stehende Gebiet der Osterseen mit seiner wasserreichen Hochmoorlandschaft. Geradezu ideal für Wanderungen. Nur wenige Kilometer entfernt findet sich Bernried. Wegen seiner Blumenpracht in den Vorgärten und an den Häusern wurde es 1983 zum „schönsten Dorf Bayerns" gekürt. Hier erwartet den Gast der Bernrieder Naturschutzpark mit seinen uralten Eichen und Buchen.

Dann geht es nach Tutzing, einem der meistbesuchten Ferien- und Badeorte am Starnberger See. Neben Badeplätzen gibt es gut geführte Restaurants, Biergärten und nach oder vor einer Maß Bier jede Menge Sportmöglichkeiten, um wieder auf seine Linie zu kommen. Nicht zu vergessen der Veranstaltungstreff „Evangelische Akademie" im Tutzinger Schloß. Durch diese Akademie wurde aus dem über tausend Jahre alten Fischerdorf eine Stätt der geistigen, politischen und wissenschaftlichen Begegnung.

Auf geht's zum Sport. Feldafing, die „Perle am See", ist für Golfer schon seit Jahrzehnten – lange vor Bernhard Langer – ein Begriff

Abendstimmung am See.

Der Platz am Seeufer wurde 1988 als landschaftlich schönster Golfplatz der Bundesrepublik ausgezeichnet. Er ist von zahlreichen öffentlichen Wegen durchzogen, ohne daß sich Spieler und Spaziergänger stören. Einige Wege führen zu ruhigen, kleinen Badeplätzen. Fast noch ein Geheimtip.

Und sportlich geht es weiter nach Possenhofen. Hier haben die Wasserskifahrer ihr Dorado, nämlich in Bayerns einziger Wasserskischule. Segeln und Surfen ist natürlich auch möglich. Gleich nebenan befindet sich eines der schönsten Badegebiete mit großzügigen Liegewiesen und schattigen Plätzen, bestanden mit alten Eichen und Buchen. Es ist ein Teil des herrlichen Schloßparks. Eben jenes Schlosses, in dem der Bayernkönig Ludwig II. seine Sisi traf. Seine? Oder die Kaiserin Sisi? Es geht halt nichts ohne den „Kini" am Starnberger See.

Der Eindruck täuscht: Es herrscht nicht immer so ein laues Lüftchen. Wenn der Wind pfeift, mehren sich die Segel auf dem See.

24

Staffelsee

ANFAHRT
• mit der Bahn nach Uffing;
• mit dem Auto über die A95/Ausfahrt Murnau

PARKEN
Parkplätze an den Eingängen zu den Strandbädern

BADEN
4 öffentliche Bäder in Murnau, Seehausen und Uffing; zahlreiche frei zugängliche Badestellen; Ufer teils felsig, teils Wiese

WASSERQUALITÄT
sehr gut

FREIZEITMÖGLICHKEITEN
Segeln, Surfen, Rudern, Tennis (neben dem Strandbad „Alpenblick"), Wandern im Murnauer Moos

FÜR KINDER
Spielflächen in den Strandbädern

EINKEHR
viele Lokalitäten rund um den See

BESONDERHEIT
Naturschutzgebiet Murnauer Moos, See mit 7 Inseln, Campingplätze

ACHTUNG
Am Westufer sind Wasserfahrzeuge jeder Art verboten! Bei Fallwind auf Warnsirenen achten!

Am Grunde des Staffelsees soll einst ein riesiger Drache gelebt haben. Doch der Badefan muß keine Angst haben: Mittlerweile wurde der Lindwurm ins Murnauer Stadtwappen verbannt.

Er ist ein See mit vielen Gesichtern: Der Staffelsee liegt rund 65 Kilometer von München entfernt im Landkreis Garmisch-Partenkirchen. Mit einer Fläche von 7,7 Quadratkilometern und einer Tiefe bis zu 39 Metern hat er nach einigen gravierenden Säuberungsmaßnahmen die Beststufe für Moorgewässer erreicht. Was besonders die Badefans freuen wird. Denn dieser Voralpensee

Rudern statt fahren ist das Motto auf dem Staffelsee. Jedoch Vorsicht: Am Westufer sind Wasserfahrzeuge jeder Art verboten.

86

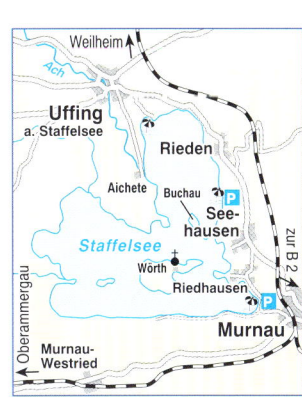

kann sich im Hochsommer zu einer richtigen Sauna aufheizen mit einer Badetemperatur bis zu 26 Grad! Entlang des Südufers (5 km) erstreckt sich ein bewaldeter Höhenrücken. Ein schattiger Wanderweg erschließt großartige Ausblicke auf die noch intakte Voralpenlandschaft. Im Norden und Westen schließt sich ein Hochmoorgebiet mit seltenen Pflanzen und Kleinlebewesen an, zu dessen Schutz in den Sommermonaten ein Betretungsverbot abseits der Wanderwege besteht. In den Staffelsee-Orten laden gemütliche Gasthäuser zum Verweilen ein. Auf der Insel Buchau kann man sogar zelten und auf der Insel Wörth erinnert eine kleine Kapelle an die ehemalige Inselkirche, an die Klosteranlage aus dem Mittelalter und an Bischof Bonifatius, der dort gewirkt haben soll. Von Seehausen aus bringt ein Motorboot die Zeltler auf das Eiland. Es gibt auch mehrere Campingplätze am See sowie vier Freibäder der Gemeinden Murnau, Seehausen und Uffing. Am schönsten zum Baden ist es südlich von Uffing am Westufer.

Wer dieses moorig-dunkle Gewässer mit seiner Naturkulisse so richtig genießen will, sollte einen 20 Kilometer langen Rundweg um den See nicht scheuen. Der Weg führt auch durch Ausläufer des Murnauer Mooses. Entstanden ist der Staffelsee wie die meisten bayerischen Naturseen in der Würmeiszeit. Sein Quell war das Schmelzwasser des gewaltigen Loisachgletschers. Das heutige Gewässer ist nur ein Rest des einst riesigen Gletschersees im Murnauer Becken, der auch den benachbarten kleinen Riegsee umfaßte. Das allmähliche Austrocknen des Eissees hat die heute charakteristischen und bewaldeten Inseln an das Tageslicht gezaubert.

Um den See gibt es einen 20 Kilometer langen Rundweg, der zum Murnauer Moos führt, einem einmaligen Naturschutzgebiet für viele Pflanzen- und Vogelarten.

25 Riegsee

ANFAHRT
- mit der Bahn bis Murnau;
- mit dem Auto über die A95/Ausfahrt Murnau

PARKEN
Wiesenparkplatz am Froschhauser See (300 m vom Riegsee)

BADEN
Badeplätze an der Brugger Hüttn und bei der Ortschaft Riegsee

WASSERQUALITÄT
sehr gut

FREIZEITMÖGLICHKEITEN
Wanderrundweg (Nr. 9), Ausgangspunkt in Froschhausen

EINKEHR
Brugger Hüttn, Wirtshaus in Riegsee

SEHENSWÜRDIGKEITEN
Gabriele-Münter-Haus und Schloßmuseum in Murnau

BESONDERHEIT
Privatsee, Vogelschutzgebiet

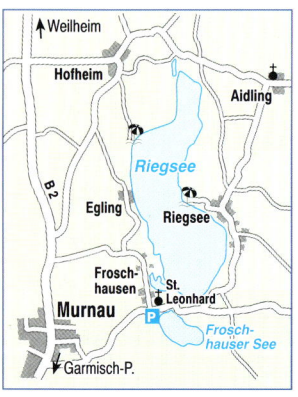

Der Riegsee gehört zu den wärmsten Badegewässern Oberbayerns, da er durch unterirdische Quellen gespeist wird. Seit Fertigstellung der Ringkanalisation hat er wieder sehr gute Wasserqualität.

Der Riegsee, der kleinere „Bruder" des benachbarten Staffelsees, ist ein Privatsee und gehört der alt eingesessenen Familie von Poschinger. Der 2,8 Kilometer lange, etwa ein Kilometer breite und maximal 16 Meter tiefe See liegt idyllisch in dem landwirtschaftlich genutzten Hügelland nördlich von Murnau und ist mit dem Auto über die Autobahn bis Murnau zu erreichen. Vom Ortszentrum aus ist der knapp drei Kilometer weite Weg zum Riegsee ausgeschildert. Gleich zwei Badeplätze erwarten den Besucher: an der Brugger Hüttn und in der Ortschaft Riegsee mit einem gutbürgerlichen Wirtshaus. An dem nur 300 Meter entfernten kleineren Froschhauser See mit eigener Liegewiese findet der Autofahrer einen großen Parkplatz.

Wandern und Baden gehören in dieser Landschaft untrennbar zusammen. Deshalb sollten Sie im Sommer immer Badesachen dabeihaben. Lassen Sie Ihr Auto in Froschhausen bei der Kirche St. Leonhard stehen. Sie wurde schon 1908 von Wassily Kandinsky gemalt. Folgen Sie der gut gekennzeichneten Route (Riegsee Rundweg Nr. 9) nach Norden über Neuegling und Egling zum Campingplatz am Westufer des Riegsees. Dort gibt es an der Brugger Hüttn eine Einkehrmöglichkeit. Und Sie können an dieser Stelle auch ins Wasser springen. Bei Hofheim umrundet man die Nordbucht des Riegsees. Dort liegt ein weites Vogelschutzgebiet, in dem man viele, anderswo selten gewordene Wasservögel beobachten kann. Man sollte also ein Fernglas nicht vergessen. Noch ein kleiner Tip: Wer gut zu Fuß ist, der sollte einen Abstecher von Hofheim aus durch Aidlich unternehmen. Dort findet man eine bemerkenswert schöne alte Kirche.

Am Ostufer des Sees genießt der Wanderer einen großartigen Blick direkt auf das Gebirge. Das Panorama reicht von der Benediktenwand bis zur Alp- und Zugspitze. Auf dem acht Kilometer langen Rundwanderweg wartet dann die Ortschaft Riegsee. In diesem echten Bauerndorf ist fast noch jeder Hof bewirtschaftet. Die gepflegte Badeanstalt lädt noch einmal zu einem kühlen Spaß ein. Von hier aus geht es wieder zurück zum Ausgangspunkt.

Die rund um Murnau besonders liebliche Landschaft hat viele namhafte Maler angezogen. Hier schlug die Geburtsstunde des „Blauen Reiters". An seiner Spitze standen Wassily Kandinsky, seine Lebensgefährtin Gabriele Münter und Franz Marc. Deshalb sollten Sie einen Kulturabstecher in das Gabriele-Münter-Haus in Murnau vorsehen, das mit Originalmöbeln, Erinnerungsstücken und Bildern aus jener Zeit eingerichtet ist. Im Schloßmuseum kann eine stattliche Anzahl von Gemälden Gabriele Münters bewundert werden.

Am Riegsee gehören Wandern und Baden fast untrennbar zusammen.

26 Eibsee

ANFAHRT
• mit der Bahn nach Garmisch und der Zugspitzbahn oder dem Bus bis zum Eibsee;
• mit dem Auto über die A95 nach Garmisch, Abzweigung nach Grainau/Eibsee ausgeschildert

PARKEN
großer Parkplatz am See und an der Seilbahn (Gebühr DM 5,–)

BADEN
rund um den See, meist steinig, teilweise Wiese; am Nordufer FKK möglich

WASSERQUALITÄT
sehr gut

FREIZEITMÖGLICHKEITEN
Bootsverleih, Surfen und Segeln möglich, Wanderwege, Ausflugsbootsfahrten

EINKEHR
Restaurant direkt am See, sonst in Garmisch

SEHENSWÜRDIGKEITEN
Zugspitze (Seilbahn, Zahnradbahn)

BESONDERHEIT
See steht unter Landschaftsschutz

ACHTUNG
Mountainbiker nicht sonderlich erwünscht!

Ein Bergsee wie aus dem Bilderbuch. In seinem Wasser spiegelt sich Deutschlands höchster Berg.

An sommerlichen Wochenenden machen sich viele Münchener auf den Weg zu diesem Gewässer, dem südlichsten See Deutschlands, der tief im dunklen Wald versteckt wie ein Bergkristall glitzert. Unter der Woche allerdings – vor allem im Herbst und im Frühjahr – zeigt sich dieses Kleinod von seiner ruhigsten Seite. Da macht es dann noch Spaß, zu diesem 1000 Meter hoch gelegenen See von Grainau aus hinaufzuwandern. Und dann steht man plötzlich vor diesem Märchentraum und Badejuwel, zu Füßen von steil gegen den Himmel aufragenden Felsspitzen. In seinem glasklaren Wasser, das sich durch seine hervorragende Qualität auszeichnet, spiegeln sich schneebedeckte Gipfel (Zugspitze) und dunkle Tannen.

Es gibt vielfältige Möglichkeiten, an diesem zwei Quadratkilometer großen See Sport zu treiben. Gleich am großen Parkplatz, der an schönen Wochenenden den Besucherstrom kaum fassen kann, beginnt ein sieben Kilometer langer Wanderweg entlang des Ufers. Danach lohnt es sich, einmal kurz ins Wasser zu springen. Aber Vorsicht, der 32,5 Meter tiefe See erwärmt sich nur sehr langsam. Im Juli und August erreicht er eine maximale Wärme von

Wer statt baden lieber sportlich aktiv sein will: Wie wär's mit einer Tretbootpartie auf dem Eibsee?

24 Grad, aber das auch nur an extrem heißen Tagen. Der Eibsee ist eben ein typischer Bergsee. Natürlich ist auch Surfen angesagt, aber dabei muß man schon etwas unempfindlich gegen Kälte sein. Die Bergsteiger finden sich am Eibsee ebenso ein wie die FKK-Anhänger. Am Nordufer gibt es überall lauschige Buchten, in denen man sich nahtlos bräunen kann.

Wer lieber in Bewegung ist, dem kann neben Bergwandern auf sehr gut ausgezeichneten Wegen eine „Zugspitzrundreise" empfohlen werden. Mit der Seilbahn, deren Station direkt am Parkplatz liegt, geht es hinauf auf Deutschlands höchsten Berg, dann in die Gipfelseilbahn und zurück in der weißblauen Zahnradbahn. Auch Tauchen ist am Eibsee möglich, allerdings nur außerhalb der Saison. Taucher brauchen übrigens auch eine Sondergenehmigung vom Besitzer des Eibsee-Hotels.

Das Wasser des Eibsees ist recht kalt. Wer sich deswegen scheut, ins Wasser zu hüpfen, kann Schiff fahren, surfen oder entspannt auf der Sonnenterrasse des Eibsee-Hotels sitzen.

27

Haslacher See

ANFAHRT
• mit dem Auto über die A96 nach Landsberg, über die B17 nach Schongau, weiter nach Marktoberdorf, bis es links nach Bernbeuren abgeht

PARKEN
kleiner Parkplatz am Südufer

BADEN
ausgewiesener Badeplatz mit Liegewiese am Südufer

WASSERQUALITÄT
sehr gut

FREIZEITMÖGLICHKEITEN
Angeln, Golf, Reiten, Tennis, Stockschießen, Bergsteigen, Wandern

FÜR KINDER
flacher Uferbereich, Steg für Kinder

EINKEHR
Kiosk am See, Gaststätte auf dem Auerberg

SEHENSWÜRDIGKEITEN
Pfarrkirche St. Nikolaus in Bernbeuren, Georgskirche auf dem Auerberg

Der Haslacher See ist ein familienfreundlicher, warmer Moorsee, der vielfache Freizeitgestaltungen bietet. Für Kulturbeflissene unbedingt sehenswert: der Georgi-Ritt.

Ein Familien-Freizeitparadies der ersten Klasse, das ist der Haslacher See – eineinhalb Kilometer von der 2000-Seelen-Gemeinde Bernbeuren am 1050 Meter hohen Auerberg entfernt, inmitten des sogenannten Pfaffenwinkels. Einer Ecke, die Bayern pur bietet. Hier findet jeder vieles. Ob Angeln, Schwimmen, Golf, Tennis, Kegeln, Reiten, Stockschießen, Wandern, Bergsteigen, Kutschfahrt oder Kultur. Kein Wunder, daß dieser 35 Hektar große Moorsee, der sich sehr schnell erwärmt, auch bei vielen Münchenern äußerst beliebt ist.

Der flache Uferbereich führt langsam in das klare Wasser und ist damit sogar für die Kleinsten so gut wie ungefährlich. Weitflächige, gepflegte Liegewiesen laden zum Sonnenbad ein. Es gibt einen Kiosk, Umkleidekabinen und genügend sanitäre Einrichtungen. Parkmöglichkeiten direkt am Uferbereich ersparen das oft lästige Anschleppen der Badeutensilien. Das Programm an diesem Badesee steht unter einem Motto: Kinderfreundlichkeit. Es gibt sogar einen eigenen Steg für die Jüngsten.

Der See ist zwischen Hügeln eingebettet und hat die Alpen als Hintergrund. Im Vordergrund der Auerberg, ein historisches Gelände. Er und seine Umgebung wurden bereits in frühalemannischer Zeit besiedelt. Vor rund 2000 Jahren hatten römische Legionäre auf seinem Gipfel eine Siedlung gegründet. Sie verdankte ihren Ursprung vermutlich der vier Kilometer entfernt gelegenen Heer- und Handelsstraße Via Claudia Augusta.

Von den alten Römern ist außer ein paar Fundsachen nichts mehr geblieben. Aber Bernbeuren hat eine ganze Reihe anderer Sehenswürdigkeiten zu bieten. So zum Beispiel die Pfarrkirche, die dem Flößerpatron St. Nikolaus geweiht ist. Sie wurde 1723 von dem bedeutenden Barockmeister Johann Georg Fischer errichtet und von dem Rokokomaler Franz X. Bernhard ausgestaltet. Ein Höhepunkt bayerischer Sakralkunst ist der prächtig gestaltete barocke Hochaltar von Jörg Pfeiffer.

Bedeutende Kunstwerke birgt auch die kleine, auf dem Gipfel des Auerbergs, gelegene Georgskirche. Dort sind eine frühbarocke,

fast lebensgroße Holzplastik des heiligen Georg und eine barocke Madonna im Rosenkranz zu bewundern. Der Berg und seine kleine Kirche sind alljährlich am letzten Sonntag im April Ziel vieler Besucher, wenn der traditionelle Georgi-Ritt stattfindet. Dabei werden über 100 Reiter und Pferde gesegnet. Sie umrunden dann in voller Farbenpracht den Gipfel und die Kirche.

Noch ein Tip für Wanderfreunde: Die Wanderung zum Auerberg lohnt sich auf jeden Fall. Sie führt über den Prälatenweg auf der Südseite des Auerbergs oder über die romantische „Feuersteinschlucht". Von der Aussichtsplattform des Kirchturms hat man einen weiten Blick über das eindrucksvolle Panorama der Alpen, von den Berchtesgadener Alpen im Osten über das Mangfallgebirge, die Werdenfelser, Ammergauer und Allgäuer Alpen bis zu den Bregenzer Bergen im Westen.

Die Gegend um den Haslacher See bietet viele Freizeitmöglichkeiten: neben baden kann man reiten, wandern, angeln und vieles mehr.

93

28

Großer und Kleiner Alpsee

Im Süden und Südwesten von München

ANFAHRT
• mit dem Auto über die A96 bis Buchloe, die B12 bis Kempten und die B19 bis Immenstadt,westlich davon der Große und Kleine Alpsee.

PARKEN
Parkplätze am Großen und Kleinen Alpsee und in Bühl (hier Parkschein).

BADEN
am Großen Alpsee Badeplatz (Surfen!) westlich von Bühl, in Bühl Strandbad Hauser (Eintritt DM 4,–; Kinder DM 2,50); FKK abschnittsweise am Großen Alpsee geduldet; am Kleinen Alpsee Sprungturm, Liegestuhl- und Sonnenschirmverleih

WASSERQUALITÄT
sehr gut

FREIZEITMÖGLICHKEITEN
gut beschilderte Rad- und Wanderwege, am Großen Alpsee fast jegliche Art von Wassersport, am Kleinen Alpsee Beachvolleyball Platz

FÜR KINDER
Karussell und Spielplatz im Strandbad Hauser

EINKEHR
Selbstbedienungskiosk am Kleinen Alpsee

Wer lieber im Schwimmbecken badet, findet am Kleinen Alpsee ideale Möglichkeiten.

Die Sage berichtet von einer versunkenen Stadt am Großen Alpsee. Funde deuten darauf hin, daß dieser herrliche Natursee, der einst das ganze Tal füllte, früh besiedelt war.

Mit seinen 2,5 Quadratkilometern Wasserfläche ist der Große Alpsee westlich von Immenstadt der größte Natursee des Allgäus. Malerisch von Bergen umgeben, ist er ein Dorado besonders für Windsurfer und Segler, denn der See liegt genau in der Hauptwindrichtung. Aber auch für Badegäste ist er – ebenso wie sein kleinerer Bruder, der Kleine Alpsee – ein besonderer Anziehungspunkt. Und natürlich auch für Wanderer, sie werden von der reizvollen Umgebung geradezu angezogen. Der Große Alpsee zieht sich etwa 3,5 Kilometer in ost-westlicher Richtung entlang. An seiner tiefsten Stelle im Osten mißt er fast 23 Meter. Er ist wie so viele andere Seen ein Überbleibsel der Eiszeit und entstand durch einen Eisstrom, der vom Illergletscher abzweigte. Das Gewässer füllte einst das ganze Tal. Die Verlandung über die Jahrtausende führte dann zum heutigen Großen Alpsee und zum Kleinen Alpsee unweit der Iller im Osten und zum Teufelssee im Westen, der übrigens gerade mal 2,5 Meter tief ist.

Die Ost- und Südostufer bei Bühl sind völlig der Erholung vorbehalten. Wassertemperaturen bis zu 24 Grad im Sommer machen

den Großen Alpsee zu einem beliebten Badeziel. Den Gast erwarten neben einer Badeanstalt ein kleiner idyllischer Park und ein Campingplatz. Ein ruhiger Ort für die ganze Familie. Der noch wärmere benachbarte Teufelssee ist nicht durch Wege erschlossen. Mit seinem Niedermoor bildet er ein Biotop für seltene Pflanzen und Vögel. Sein Schicksal ist allerdings vorgezeichnet, er droht nun endgültig zu verlanden.

Der Kleine Alpsee, über die Aach mit der Iller verbunden, steht seinem großen Bruder in nichts nach. Ebenso wie der Große Alpsee hat er die Wasserqualität der Güte I, was ihn – neben seinem beheizten Freibad – zu einem lohnenswerten Ausflugsziel für alle Wasserratten macht. Das Freibad und die großzügigen Liegewiesen des Sees stellen mit ihren drei beheizten Becken, der Wärmehalle, dem Schwimmkanal und dem Kinderspielplatz ein ideales Ferien- und Freizeitvergnügen für die ganze Familie dar. Als Natursee eingebettet in ein einmaliges Biotop gedeihen in ihm sogar Hechte, Karpfen und Forellen.

Hier nun zwei Wandermöglichkeiten aus dem reichen Angebot: Eine kleine Tour von 45 Minuten führt von der Anliegerstraße entlang des Nordufers und Rothenfels über Grälweg, Tannachwäldchen nach Immenstadt. Von hier aus kann man zu einer Ganztagestour aufbrechen, und zwar auf dem Höhenweg oberhalb des Sees über den Aussichtspunkt Hornkanzel auf das Immenstädter Horn (1490 Meter), Vorderer Prodel nach Thalkirchdorf. Von der Hornkanzel bietet sich ein grandioser Blick über den See und Immenstadt.

SEHENSWÜRDIGKEITEN
Stadtpfarrkirche Immenstadt, St. Stephan und St. Loreto in Bühl

BESONDERHEIT
Niedermoor im Teufelssee

ACHTUNG
Grillen verboten!

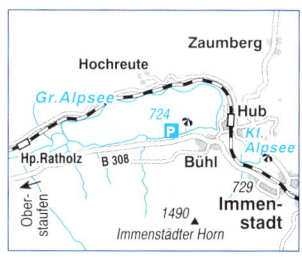

Wem die zahllosen Wander- und Spazierwege rund um die Alpseen zu anstrengend erscheinen, der kann auf weniger schweißtreibende Fortbewegungsmittel zurückgreifen.

29

Alpsee und Schwansee

ANFAHRT
• mit dem Auto über die A96 bis Landsberg, die B17 nach Schongau und die STA 472 nach Marktoberdorf, dann über die B16 nach Füssen und von dort weiter nach Schwangau. Der Schwansee liegt im Schwanseepark und ist nur auf einem kurzen Fußweg von Alterschrofen aus erreichbar

PARKEN
größerer Parkplatz im Wald bei Alterschrofen (5 Gehminuten)

BADEN
am Schwansse nur am nordwestlichen Ufer

WASSERQUALITÄT
sehr gut

FREIZEITMÖGLICHKEITEN
beschilderte Rad- und Wandermöglichkeiten

EINKEHR
keine Möglichkeit am Schwansee

SEHENSWÜRDIGKEITEN
Königsschlösser Neuschwanstein und Hohenschwangau

BESONDERHEIT
Moorsee in einem Landschaftsschutzgebiet

ACHTUNG
Verlassen der Wanderwege nicht erlaubt, Grillen verboten!

Rechte Seite: Ein Idyll wie aus dem Märchen: Der Schwansee liegt im ehemaligen Schloßpark von Hohenschwangau.

Ein wahrhaft königliches Seenpaar: der Alpsee und der Schwansee. Mitten im Landschaftsschutzgebiet gelegen, im ehemaligen Schloßpark, ist der Schwansee eine Oase der Ruhe.

In königlicher Umgebung liegen Alpsee und Schwansee nur durch einen Bergrücken voneinander getrennt in malerischer Kulisse. Der größere und auch kältere der beiden Seen, der Alpsee, ist nur etwa 150 Meter Luftlinie vom Märchenschloß König Ludwigs II. entfernt. Wen niedrige Badetemperaturen (maximal 20°C) nicht abschrecken, findet in glasklarem Wasser Erfrischung und Erholung. Auch der viel kleinere und etwas wärmere (maximal 22°C) Schwansee, landschaftlich reizvoll im Schwanseepark, dem ehemaligen Schloßpark von Schloß Hohenschwangau, gelegen bietet das, was nicht wenige Münchener suchen: Badespaß und zugleich Erholung abseits jeglichen Trubels. Umrahmt ist dieses Kleinod von dem bewaldeten Schwarzenberg (1200 Meter) und dem Kienberg (996 Meter).

Seinen Namen verdankt das Gewässer dem Wappentier der Edlen von Schwangau. Der Besucher schaut auf die Burg Hohenschwangau, die sich auf dem ruhigen Wasser des Schwansees spiegelt, und auf die Bühnenarchitektur des Inbegriffs der Königsschlösser, auf Neuschwanstein.

Dieses auch von Schilfsaum, von Streuwiesen und Mooren, wo sich sogar noch wilde Orchideen finden, umgebene Idyll ist, eben so wie der Alpsee, ein Überbleibsel des einstigen, gewaltigen Füssener Sees. Er war durch die Schmelzwasser des späteiszeitlichen Lechgletschers entstanden. Seit 1956 gehört der Schwansee zum Landschaftsschutzgebiet „Alpsee, Schwansee, Faulenbacher Tal". Das vollständig naturbelassene Ufer ist auf einem etwa zwei Kilometer langen Rundwanderweg begehbar. Aber auch andere Wandermöglichkeiten bieten sich an. Vom See aus führt ein Weg auf den Hutlersberg (965 Meter), der im 19. Jahrhundert als Kalvarienberg ausersehen wurde. Auf einer Seite führt ein Kreuzweg mit 14 Stationen, vorbei an einer neugotischen Marienkapelle nach Füssen hinab zum Lechfall.

30

Pucher See

ANFAHRT
• mit dem Auto durch Fürstenfeldbruck (B2) Richtung Mammendorf;
• mit der S4 bis Fürstenfeldbruck, dann weiter mit dem Rad über die Münchner- und die Hauptstraße bis zur Augsburger Straße (B2);
• mit der S3 bis Maisach, dann weiter mit dem Rad Richtung Fürstenfeldbruck und abbiegen auf die Augsburger Straße (B2)

PARKEN
310 Stellplätze am Südufer

BADEN
terrassierte Liegewiesen am Südufer

WASSERQUALITÄT
gut

FREIZEITMÖGLICHKEITEN
Radweg zum benachbarten Mammendorfer See (S.104)

BESONDERHEIT
ökologische Ausgleichsfläche am Nordufer

ACHTUNG
teilweise Steilufer

Ein Baggersee, der zum „Meer" wurde: Bei Fürstenfeldbruck entsteht zur Zeit ein neues, attraktives Erholungsgebiet, das für den Münchener selbst mit dem Rad gut zu erreichen ist.

Die Einheimischen nennen ihn liebevoll das „Pucher Meer", ihren Baggersee, der zur Freizeitoase werden soll. Und tatsächlich mutet er ein bißchen wie ein Meer an mit seinem sanft abfallenden Kiesufer. Das Gelände um die Kiesgrube zwischen Fürstenfeldbruck und seinem Ortsteil Puch wird zur Zeit zu einem großzügigen Badegelände umgestaltet. Die Eröffnung ist für den Juli 1998 geplant. Die Trägerschaft für das Projekt hat der „Verein zu Sicherstellung überörtlicher Erholungsgebiete e.V." in München übernommen.

Das Freizeitidyll entsteht in drei Bauabschnitten. Begonnen wurde mit dem mittleren Bereich, der etwa 16 Hektar umfaßt. Der Plan sieht vor, die steilen Böschungen des Sees, der etwa sechs Hektar groß ist und eine Tiefe bis zu zehn Metern hat, zu bepflanzen. Nördlich des Badesees sollen ökologische Ausgleichsflächen angelegt werden. Im Süden ist mit der terrassierten Liegewiese bereits ein schöner und ruhiger Badeplatz entstanden. Zu erreichen ist er von der Augsburger Straße aus. Ebenso gut beraten ist jedoch, wer gleich mit S-Bahn und Rad anreist; dem nämlich ist die Möglichkeit gegeben, auf einem Radweg vom Pucher See aus direkt zum benachbarten Mammendorfer See zu radeln.

Doch lädt der Pucher See selbst zum Verweilen ein: Außer dem „Meer-Ambiente" gehört zu der neu entstehenden Freizeitoase auch ein Restaurant mit Biergarten. Für sanitären Komfort sorgt eine neu gebaute Toilettenanlage, und für die Sicherheit der Badegäste gibt es eine Wasserwachtstation. Die zweite Ausbaustufe sieht eine Erweiterung der Badeplätze um 13 Hektar vor. Ein zweite Toilettenanlage und ein zusätzlicher Parkplatz sind außerdem geplant. Über die spätere Nutzung der Fläche des dritten Bauabschnitts liegen noch keine genauen Pläne vor.

Ein Baggersee mit dem Flair eines Meeres: der Pucher See.

31

Germeringer See

Eine archäologische Besonderheit am Germeringer See ist ein mittelalterlicher Burgstall. Dieser recht warme Badesee ist vor allem für Familien mit Kindern ein lohnendes Ausflugsziel.

ANFAHRT
• mit der S5 nach Unterpaffenhofen-Germering, dann 2,5 km zu Fuß oder mit dem Rad;
• mit dem Auto über die B12 nach Germering, am Ortsende in die Salzstraße, dann beschildert

PARKEN
250 Parkplätze am See

BADEN
große Wiesenflächen rund um den See

WASSERQUALITÄT
gut

FREIZEITMÖGLICHKEITEN
ideal zum Wandern, Mountainbike in der Römerschanze, große Flächen für Ballspiele

FÜR KINDER
Spielplätze

EINKEHR
Kiosk am See, Biergarten „Schusterhäusl" in Richtung Alling

BESONDERHEIT
Kelten- oder Römerschanze, denkmalgeschützt, alljährlich Open-air-Festival

ACHTUNG
Grillen verboten!

Wer das Gespür für Geschichte hat, der fühlt sich eigentlich an allen Ufern wohl, ob es an einem See ist oder am Meer. An der Adria zum Beispiel kann man von ganzen Seevölkerscharen träumen. Von den Griechen bis zu den Venezianern. Genau so läßt es sich am Germeringer See bei München träumen. Er ha zwar nur eine Wasserfläche von 2,5 Hektar und ist bei einer Was sertiefe von sechs Metern ein Winzling unter den Badeseen in Oberbayern. Aber er bietet es meterhoch am Rande, nämlich mi einem hochinteressanten Bodendenkmal.

Also baden, wo sich schon Ur-Ur-Ahnen tummelten? Nicht ganz Zum ersten besteht der Badesee erst seit 1971. Erweitert wurde e mit Hilfe des „Vereins für Erholungsgebiete" im Jahr 1976. Die ge samte Freizeitfläche beträgt heute 10,5 Hektar, davon allein dre Hektar gepflegte Liegewiesen. Hier finden Familien wirklich noch Platz. Sie können sich an einem 800 Meter langen Ufergelände richtig austoben. Sei es vor oder nach einem Sprung in das in Sommer angenehme Naß – bis zu 24 Grad – des Germeringer Sees Da seine Tiefe lediglich sechs Meter beträgt, erwärmt er sich von

Ausgedehnte Wiesenflächen laden am Germeringer See zum Sonnenbad. Wer sich danach ausgedörrt fühlt, kann sich im Biergarten am „Schusterhäusl" mit einer kühlen Maß laben.

späten Frühjahr an sehr schnell. Ein flach in die Wellen führendes Paradies für Kinder.

Hier fühlt man sich auf historischem Gelände, bezeugt durch die gleich am See liegende Anhöhe, vom Volksmund als „Kelten-" oder auch „Römerschanze" benannt. Doch hat sie nach neuesten Erkenntnissen weder etwas mit den Kelten, noch etwas mit den Römern zu tun. Sie ist ein mittelalterlicher Burgstall, der unter dem Schutz der Denkmalpflege steht. Ein Refugium, das zur Freude vieler Wanderer erhalten bleibt. Ausgrabungen lassen vermuten, daß die Burg in der Schlacht von Alling 1422 zerstört wurde. Der Hang bildet übrigens eine natürliche Kulisse für das alljährlich stattfindende Open-air-Festival.

Natürlich ist am See für alles gesorgt. Es gibt einen Verkaufskiosk und gleich neben den Liegewiesen Spielplätze, so daß die Eltern ihre Kleinen immer im Auge behalten können. Auf ein zielsicheres Auge kommt es den Mitgliedern des Bogenschützenvereins „BC Keltenschanze" an, der sich gleich neben dem See auf der weiten Umfläche angesiedelt hat, ebenso wie der Verein der „Naturfreunde". Selbstverständlich fehlt auch die Wasserwacht nicht. Auch für Wanderer ist der Germeringer See zu einem Freude spendenden Ziel geworden. Den letzteren bietet sich eine Vielfalt an ruhigen und beschaulichen Wegen an. Stärker besucht ist der Familienpfad von Germering nach Alling. Er führt zwei Kilometer durch den Wald zur Gaststätte „Schusterhäusl". Hier wartet nicht nur ein kleiner Biergarten auf den durstigen Besucher, sondern auch eine echte Attraktion auf die Kinder: nämlich ein Streichelzoo.

Familienfreundlichkeit gilt am Germeringer See als oberstes Prinzip.

32

Olchinger See

Vom Spekulationsobjekt der sechziger Jahre zum Landschaftsschutz-gebiet der neunziger Jahre: Der Olchinger See hatte eine bewegte Geschichte, bevor er zum beliebten Badeziel wurde.

Zunächst ein Kuriosum: Völlig aufgeregt kam ein Schwimmer aus dem Olchinger See an Land. Er stammelte von einer Leiche, die er in einer Tiefe von sechs Metern – viel tiefer reicht der See auch nicht – entdeckt haben wollte. Immerhin konnte er so tief in dieses Gewässer im Landkreis Fürstenfeldbruck schauen. Schreckliches wußte er zu berichten: Die Leiche sei verschnürt und mit einer roten Badehose bekleidet. Durch Gewichte würde sie am Grund des Badesees festgehalten. Da kam sogleich der Gedanke an die Mafia. Das bedeutete Alarmbereitschaft. Taucher der Bayerischen Bereitschaftspolizei suchten den 14,4 Hektar umfassenden Badesee ab. Sie entdeckten tatsächlich einen „Torso" rund 50 Meter vom Ufer entfernt.

Als die Profi-Taucher die Leiche ans Ufer zogen, gab es eine Überraschung und erleichterte Mienen bei der Polizei: Die vermeintliche Tote entpuppte sich als eine Schaufensterpuppe. Vermutlich war sie von Rettungsdiensten, die auch den Olchinger See überwachen, bei einer Übung als Demonstrationsobjekt im Wasser versenkt und dann nicht mehr gefunden worden. Danach hatte man

5,3 Hektar Liegewiesen bei einer Uferlänge von 1,6 Kilometern umgeben den Olchinger See.

die „Leiche" schlicht und einfach und ganz offiziell vergessen. Dennoch: Kein schlechtes Bild für die Wasserwacht am Olchinger See. Sie übt ganz intensiv, um im Notfall dann wirklich helfen zu können.

Es ist ein Irrtum zu glauben, daß diesem Baggersee so etwas wie ein Geheimnis anhängt. Wie die Schaufensterpuppe, so ist auch seine Geschichte ganz profan. Der etwa 400 Meter lange See entstand durch Kiesaushub der damaligen Deutschen Reichsbahn in den vierziger Jahren. Damals bestand das gesamte Gebiet noch aus Streuwiesen. Schon kurz nach dem Zweiten Weltkrieg kamen die ersten Badegäste wegen seines absolut sauberen Quellwassers an diesen See, um den heute das Landschaftsschutzgebiet „Olchinger See" besteht, mit immerhin 5,3 Hektar Liegewiesen und einer ausgebauten Uferlänge von 1,6 Kilometern.

Früher Kiesgrube – heute Erholungsgebiet.

33

Mammendorfer See

Einer der jüngsten Baggerseen bei München, aber einer, der es in sich hat: Das riesige Freizeitgelände am Mammendorfer See stellt viele ähnliche Anlagen in den Schatten.

ANFAHRT
• mit der S3 nach Nannhofen, dann 1,5 km zu Fuß;
• mit dem Auto über die B2, Abzweigung nach Mammendorf beschildert

PARKEN
Parkplätze am Freibad

BADEN
Freibad oder Liegewiesen am West- und Nordufer, Öffnungszeiten des Freibads: Mai – August, 9 – 20 Uhr; September, 10 – 19 Uhr; täglich

WASSERQUALITÄT
sehr gut

FÜR KINDER
Abenteuerspielplatz im Freibad

EINKEHR
Kiosk für Bad und See

BESONDERHEIT
gekennzeichnete Grillplätze

ACHTUNG
Keine Tiere!

Er ist einer der jüngsten Badeseen im Westen von München. Der Mammendorfer See entstand in den Jahren 1979 bis 1988 durch Kiesgewinnung. Er wurde auf Initiative des „Vereins Erholungsgebiete" ausgebaut. Schon in den ersten Jahren war er ein beliebtes Badeziel der Mammendorfer Jugend. Sie verfolgte mit großem Interesse den vom Landkreis Fürstenfeldbruck getragenen Bau einer heute geradezu phantastisch anmutenden Freizeitanlage, die nebst einem weitflächigen Jugendzeltplatz direkt am Rande des Baggersees entstand. Sie hat die Gemeinde Mammendorf weithin bekannt gemacht.

Was in wenigen Jahren entstand, kann sich in der Tat sehen lassen und lockt heute auch viele Badegäste aus München an. Da ist zum Beispiel die Familie N. aus der Parkstadt Solln. Er Ingenieur, sie Hausfrau, zwei Kinder, Markus (9) und Sabine (7). Familienvater Werner N.: „Wir haben diese Anlage vor zwei Jahren an einem Wochenende durch Zufall entdeckt. Und seitdem fahren wir hierher, wann immer wir Zeit haben. Am liebsten mit der S 3 bis Nannhofen. Von dort sind es nur eineinhalb Kilometer bis zum See.

Auch wenn es nicht so aussieht, die Wasserwacht hat am Mammendorfer See alles im Griff.

104

Natürlich könnten wir mit dem Auto fahren. Aber an einem langen Freizeitsamstag möchte ich doch in dem gemütlichen, von schönen Bäumen umstandenen Biergarten ein bis zwei Maß trinken." Und Markus sagt: „Für mich ist das tollste die lange, lange Wasserrutsche. Das ist viel schöner als alles auf dem Oktoberfest." Sabine aber steht am liebsten unter dem Wasserpilz: „Da habe ich meine neue, meine beste Freundin getroffen." Die Hauptattraktion ist, wie Markus richtig sagt, die Wasserrutsche. Sie ist nicht weniger als 173 Meter lang. Ein sausender Badespaß für groß und klein.

Dazu kommt noch eine kleine Doppelrutsche. Der Wasserpilz bietet am Rand der beheizten Schwimm- und Planschbecken ideale Erfrischung für jung und alt. Es gibt einen Strömungskanal – eine herrliche Ganzkörpermassage –, eine Luftsprudelanlage, einen Kleinkinder- und einen Säuglingsbereich. Nicht zu vergessen ein großer Abenteuerspielplatz. Und das alles wird zu familienfreundlichen Preisen geboten.

Am Baggersee selber ist natürlich der Eintritt frei. Er hat eine Wasserfläche von 4,5 Hektar bei einer Tiefe bis zu acht Metern. Im südlichen Teil des Sees sind Biotope und Bereiche für eine Spontanvegetation angelegt worden. An der Westseite des Gewässers ist eine Kinderbadebucht mit Sandspielplätzen und Schwimminseln entstanden. In unmittelbarer Nähe hat sich die Wasserwacht eingerichtet. Die Liegewiesen mit einer Fläche von einem Hektar erstrecken sich von dieser Badebucht über das gesamte Nordufer des Sees und grenzen direkt an das Schwimmbad an.

Wenn die Sonne verschwindet, wandern die meisten Badegäste in Richtung Biergarten ab, um den Körper auch noch von innen etwas anzufeuchten. Dann kann man den See in absoluter Stille erleben.

34

Weßlinger See

ANFAHRT
- mit der S5 nach Weßling;
- mit dem Auto über die A96/Ausfahrt Oberpfaffenhofen, nach links Richtung Weßling-Herrsching

PARKEN
wenig Parkplätze am See, Parken in den anliegenden Straßen oder am Freibad

BADEN
Badeplatz mit Liegewiese am Nordufer des Sees

WASSERQUALITÄT
mäßig

FREIZEITMÖGLICHKEITEN
Ruderbootverleih

EINKEHR
Kiosk am See, Café am See, Seehof, Hotel Sacher am See, „Il Pollino", Gut Mischenried, Biergarten in Weßling

SEHENSWÜRDIGKEITEN
Kirche St. Maria Himmelfahrt in Weßling, Wallfahrtskapelle Grünsink

BESONDERHEIT
Tiefwasserbelüftung im See

Wasserbinsen, Wasserschierling und Wasserknöterich wachsen noch immer am und im Weßlinger See. Doch das idyllische Moorgewässer ist durch zu viele Badefans gefährdet.

Mit gerade einmal 18 000 Quadratmetern ist er das kleinste Gewässer im Starnberger Fünf-Seen-Land. Für die Münchener ist er ihre Badewanne: der Weßlinger See. Ein bildhübscher Badeplatz, der im Sommer eine Wassertemperatur bis zu 23 Grad erreicht. Für Wassersportarten wie Segeln und Surfen ist er allerdings zu klein. Hier bleiben die Luftmatratzen- und Schlauchbootka-

So bezaubernd der Weßlinger See daliegt, ist er auch eine Mahnung für einen vernünftigen Umgang mit der Natur.

oitäne unter sich. Wer die alte Badesee-Romantik erleben will, der sollte sich ein Ruderboot mieten und gemütlich über den See fahren. Und das vor einem Hintergrund, der die Kulisse zu einem bayerischen Volksstück abgeben könnte.

„Binsen am Ufer. Die riesige Zwiebelhaube des Kirchturms. Die Bänke in den Anlagen. Die Wiesen und Villen um den See. Und im Osten spiegelt sich der Wald im Wasser." So erlebte der französische Impressionist Renoir das idyllische Weßling im Jahre 1910. Das Bild hat sich bis heute nicht sonderlich verändert.

Da ist ein stilles Schlößchen zu sehen, es gibt lauschige Landhäuser und verspielt anmutende Badehäuschen der privaten FKK-Anhänger. Am Ufer eine sonnige Liegewiese und schattige Waldsäume. Ein schattiges Dasein führt der Weßlinger See trotz der Nachbarschaft der großen Touristenzentren am Starnberger und am Ammersee dennoch nicht. Im Gegenteil: An sommerlichen Wochenenden kann es hier schon recht turbulent zugehen. Die vielen Wochenendausflügler an dem nur bis zu 12 Meter tiefen Moorsee bedrohen die Wasserqualität. Denn der See hat keinen direkten Zu- oder Abfluß. Er wird von unterirdischen Quellen gespeist. Und so werden die Besucher auf besonderen Tafeln darauf hingewiesen, das WC am Kiosk zu benutzen. 1991 waren die vom Gesundheitsamt gemessenen Werte so schlecht, daß ernsthaft ein Badeverbot erwogen wurde. Der „Springbrunnen" im See hatte es dann aber noch einmal geschafft. Er ist nämlich kein Brunnen, sondern eine Tiefwasserbelüftung, bei der mit Sauerstoff angereicherte Druckluft in den See gepumpt wird.

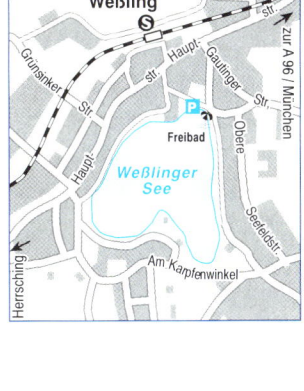

Fürs Segeln und Surfen ist der Weßlinger See zu klein. Wer auf den See will, ohne naß zu werden, muß sich schon der eigenen Muskelkraft bedienen.

35

Wörthsee

Für Aktivisten gibt es am Wörthsee eine Segel- und zwei
Surfschulen. Doch es geht auch gemütlicher:
Rundwanderwege säumen den sehr warmen Moorsee.

ANFAHRT
• mit der S5 bis Steinebach,
dann ca. 10 Gehminuten;
• mit dem Auto über die
A96 bis zur Ampel in Etter-
schlag, dort links nach
Wörthsee-Steinebach

PARKEN
an den Strand- und Frei-
bädern

BADEN
3 private Strandbäder,
3 öffentliche Freibäder am
Nordufer in Steinebach
und Walchstadt, im Er-
holungsgelände Oberndorf

WASSERQUALITÄT
gering belastet

FREIZEITMÖGLICHKEITEN
Segeln, Surfen (Schulen)

FÜR KINDER
Spielplätze

EINKEHR
Kioske in den privaten
Strandbädern, Lokale rund
um den See

SEHENSWÜRDIGKEITEN
Martinskirche in Steine-
bach, Kirche St. Georg in
Delling

Der nur 30 Kilometer von München entfernte Wörthsee - früher Ausee genannt – ist einer der wärmsten Seen Oberbayerns. In diesem typischen Moorsee kann man in manchen Jahren bereits im April baden. Das Wasser ist gering belastet bei einer Güteklasse I bis II und wird im Sommer bis zu 25 Grad warm. Die Badebedingungen des 3500 mal 1300 Meter großen Gewässers sind damit geradezu ideal. Seine Ufer sind allerdings nur begrenzt zugänglich. Der Besucher findet drei private Strandbäder vor, die Eintritt kosten, und drei öffentliche Freibäder am Nordufer in Steinebach und Walchstadt sowie im Erholungsgelände Oberndorf.

Der Wörthsee wird von Surfern und Seglern als ihr Paradies angesehen. Bei den Surfern gilt der Badeplatz bei der Roßschwemme, in der Nähe von Walchstadt, als Geheimtip. Wer noch nicht so sicher auf dem Brett ist, der kann es bis zur Perfektion in zwei Surfschulen lernen. Die eine liegt am sogenannten Paradieswinkel, die andere beim ehemaligen Strandbad Fleischmann, dem heutigen „Augustiner am Wörthsee". Hier findet der Wassersportler auch eine Segelschule vor, in der man alle DVS-Scheine machen kann. Natürlich ist auch ein Bootsverleih vorhanden, ebenso wie am Strandbad Raabe.

Das „Strandbad Fleischmann" in Steinebach ist eine Betrachtung für sich wert. Hier gab es bereits Ende der zwanziger Jahre eine ganz besondere Fremdenattraktion: eine Wasserrutschbahn. Aloys Fleischmann hatte sie faus den USA importiert. In großer Schrift prangte an der Seeseite des Restaurantsaals die patriotische Parole „Förderung der Leibesübung im Dienst am Vaterland". Schon damals setzte der Strom der Sommerfrischler aus der Landeshauptstadt ein, darunter auch viele Prominente aus Politik und Kultur. Und der Parkplatz des Bades war bereits von unzähligen Automobilen belegt. Heute kommen ganze Blechlawinen, und die Parkplätze rund um den See werden besonders an den Wochenenden zur Mangelware. Übrigens wird im „Augustiner am Wörthsee" am Wochenende zum Tanz aufgespielt.

Natürlich kann man den See auch zu Fuß umrunden, das dauert etwa zweieinhalb bis drei Stunden. Der Weg beginnt in Steinebach. Hier lohnt sich zunächst einmal ein Besuch der Martinskirche. Der Weg führt dann weiter am Ostufer entlang in Richtung Westen zum Badeplatz Schlagenhofen. Dann gehts am Westufer über Bachern und Walchstadt zurück nach Steinebach.

Vor Bachern liegt die Insel Wörth. Sie ist besser bekannt unter dem Namen Mausinsel. Und dieser Name rührt von einer alten Geschichte her. Danach soll ein hartherziger Schloßherr von Seefeld her vor einer fürchterlichen Ratten- und Mäuseplage auf diese Insel geflüchtet sein. Die Plage hatte er verursacht, indem er sämtliche Bettler seines Landes in eine Scheune hatte einsperren und verbrennen lassen. Heute sind rund um die Insel, die von der Georgskapelle mit ihrem grünen Zwiebelturm gekrönt ist, von den Anglern geschätzte Laichgründe angelegt. Hier sind natürlich Surfen und Segeln verboten.

Besonders zu empfehlen ist ein Rundwanderweg, der über elf Kilometer – Markierung ist ein grüner Ring – von Steinebach zum Weßlinger See führt.

So menschenleer wie hier ist der Wörthsee selten. Normalerweise tummeln sich Segler und Surfer auf dem Wasser.

36

Pilsensee

Im Westen von München

Ein Surf- und Segelparadies – fast schon wie am Mittelmeer.

Der Pilsensee – früher einmal Teil des Ammersees – ist ein beliebter Ausflugsort der Münchener.

ANFAHRT
- mit der S 5 bis Seefeld-Hechendorf, dann 3 km zu Fuß;
- mit dem Auto über die A96/Ausfahrt Herrsching, dann die STA 2068 und der Beschilderung folgen

PARKEN
Parkplätze direkt bei beiden Badeplätzen

BADEN
öffentliche Liegewiese südlich des Campingplatzes, Strandbad

WASSERQUALITÄT
gut

FREIZEITMÖGLICHKEITEN
Surfen, Segeln (Schulen), Rudern, Radeln

EINKEHR
Café im Strandbad, Kiosk an der Straße nach Herrsching

SEHENSWÜRDIGKEITEN
Schloß Seefeld, Kloster Andechs

BESONDERHEIT
Biotop (ein Drittel des Ufers), Campingplatz

Er ist ein Badewasser mit südlichem Charme: der Pilsensee im Landkreis Starnberg. Der Pilsensee ist das zweitkleinste Badegewässer im Fünf-Seen-Land, zwischen Wörth- und Ammersee gelegen. Landschaftlich zählt der von viel Grün umgebene Pilsensee zu den Vorzeigeseen südwestlich von München. Früher einmal war er ein Teil des Ammersees und wurde erst vor ein paar tausend Jahren „selbständig". Heute hat er eine Größe von 1,9 Quadratkilometern, bei einer Tiefe von etwa zehn, maximal 30 Metern. Mit seinen Sehenswürdigkeiten und Freizeitmöglichkeiten ist der Pilsensee in den Sommermonaten ein ideales Ausflugsziel – insbesondere für die Münchener.

Familie H. mit Sohn Alex (14) aus München-Neuperlach weiß den See seit Jahren zu schätzen. Johann H.: „Wir haben uns vor zehn Jahren einen Campingwagen zugelegt, um im Urlaub unabhängiger zu sein. Besonders in Italien. Nun aber ist seit fünf Jahren eine Abhängigkeit daraus geworden. Denn seit dieser Zeit haben wir uns am Pilsensee niedergelassen." Und Sohn Alex sagt stolz: „Ich habe hier das Surfen gelernt. Jetzt bin ich so gut, daß ich sogar am Mittelmeer bei Sturm auf dem Brett bleiben könnte. Wenn nur meine Eltern mal dorthin fahren würden." Das wird vielleicht bald soweit sein, denn der nördliche Teil des Campingplatzes wurde bereits geschlossen und der südliche Teil soll bis zum Jahr 2011 ausgedünnt und dann geschlossen werden.

In der Tat sind die Surfbedingungen für Anfänger am Pilsensee nicht schlecht. Denn ein bewaldeter Hügel im Westen des Sees hält zuviel Wind zurück. So hat sich denn auch eine Surfschule am Campingplatz niedergelassen.

Auch die Segler genießen den See. Und wer mit einem Segelboot nicht vertraut ist, kann auch das hier lernen. Nur ein paar hundert Meter südlich des Campingplatzes liegt das 1,5 Hektar große Freizeitgelände des „Vereins Erholungsgebiete" mit Liegewiesen, Parkplätzen und Kiosk.

Ein besonderer Anziehungspunkt ist das nicht ganz leicht zu findende alte Strandbad mit seinen nostalgisch anmutenden Um-

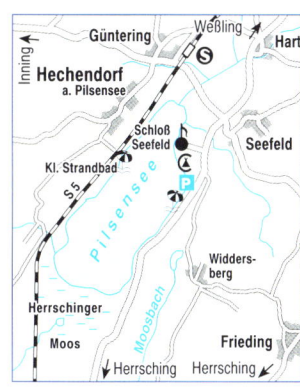

kleidekabinen aus Holz. Direkt davor liegt das anmutige Café am See, natürlich mit einer Seeterrasse. Im Strandbad gibt es schattige Plätzchen an der Ufermauer und unter großen Bäumen. Wer es ganz sonnig will, der kann sich auf der Liegefläche von zwei Holzstegen niederlassen. An den südlichen Zipfel des Sees schließt sich das Herrschinger Moos an, das unter Naturschutz steht. Dort ist das Baden selbstverständlich verboten.

Kommen wir zum Wandern: Auf jeden Fall lohnt sich ein Besuch des Schlosses Seefeld. Es lädt mit seinem berühmten Burgfried ein, der etwa im 12. Jahrhundert entstanden sein dürfte. Wer vom Café aus nach Andechs wandern möchte, der muß auf der Straße nach Herrsching zunächst ein kleines Stück zurückgehen. Dann geht es links hoch in Richtung Widdersberg weiter zur Bierhochburg auf den „heiligen Berg".

Der **Pilsensee** im romantischen Abendlicht.

37 Ammersee

Riverboat-Shuffle an Bord des ältesten Raddampfers oder
ins Herrschinger Tenniszentrum mit Ballwurfmaschinen?
Der Ammersee bietet weit mehr als Bademöglichkeiten.

D er See wird nach Feststellung der Wissenschaftler immer klei
ner. Sie geben ihm noch eine Lebensdauer von 10 000 Jahren
Heute hat er immerhin noch eine Länge von 16 Kilometern be
einer Breite von drei bis sechs Kilometern und einer Tiefe bis zu
82 Metern. Der Ammersee ist damit noch immer fast so groß wi
der benachbarte Starnberger See und das zweitgrößte Gewässe

ANFAHRT
• mit der S5 nach
Herrsching;
• mit dem Auto über die
A96/Ausfahrt Inning, auf
der STA 2068 bis Herr-
sching

PARKEN
genügend Parkmöglich-
keiten am See

BADEN
zahlreiche Bademöglich-
keiten in Herrsching,
Rieder Wald, Wartaweil,
Dießen, Uffing, Schondorf,
Riederau, Inning, Stegen,
Ufer teils Wiese, teils
steinig

WASSERQUALITÄT
sehr gut

FREIZEITMÖGLICHKEITEN
Wassersport, Reiten,
Radeln, Tennis (Herr-
sching), Segeln und Bootsverleih (Dießen, Utting,
Schondorf), Rundfahrten
mit der Weiß-Blauen Flotte

EINKEHR
zahlreiche Lokale rund um
den See

SEHENSWÜRDIGKEITEN
Kurparkschlößchen,
Schloß Mühlfeld (Herr-
sching), Stiftskirche
„Marienmünster"(Dießen),
Kloster Andechs u. v. m.

BESONDERHEIT
Konzerte und Seefeste in
Dießen, Riverboat-Shuffle,
Campinganlagen

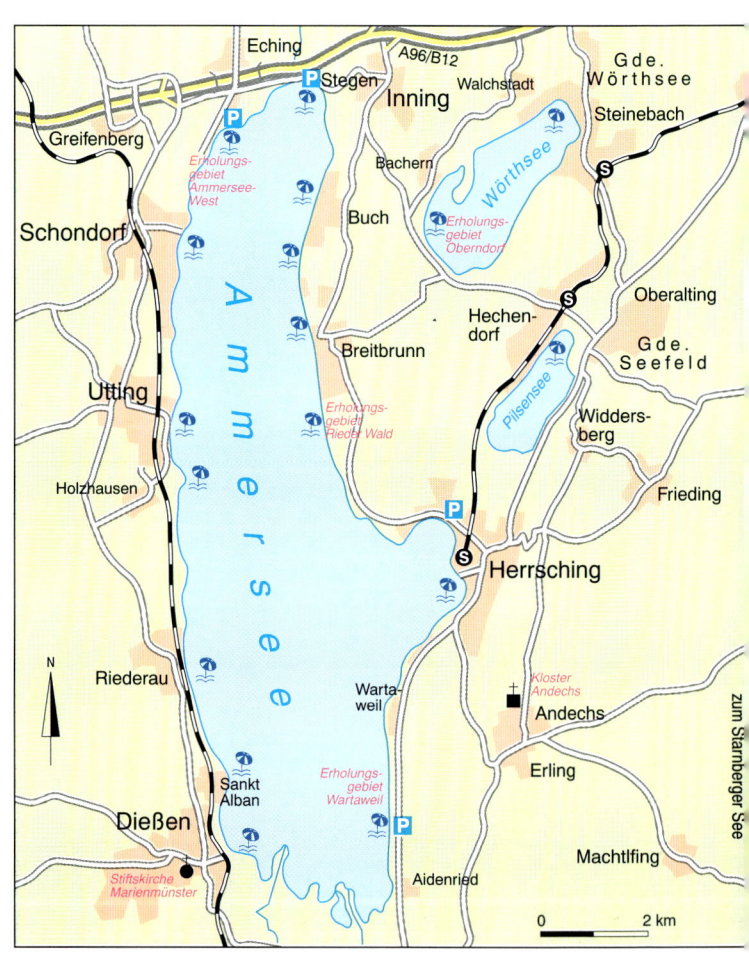

er sogenannten Fünf-Seen-Platte. Also keine Sorge, das Wochenend- oder Urlaubsvergnügen an den malerischen Ufern und auf em Wasser bleibt noch für Generationen erhalten.

ines zeichnet den Ammersee auch in der heutigen technisierten eit noch aus. Obwohl er nur 35 Kilometer von München entfernt st, sind seine Ufer auf weiten Strecken noch unberührt ländlich eblieben. Ein Reservat für etliche Vogelarten. Das Wasser hat an ielen Stellen die Güteklasse I, sauberer geht es nicht mehr. Für ie hohe Qualität des grünschimmernden Gewässers sorgen der tarke Zustrom der Ammer und nicht zuletzt auch die Ringkanaliation der umliegenden Gemeinden. Bester Beweis sind die wohlchmeckenden Renken. Doch um sie machen sich die Ammerseescher große Sorgen. Seit Beginn der Hitzeperiode 1992 wurde das Wasser glasklar, was nach ihrer Meinung nicht sein darf. Wasserroben zeigten, daß ab zehn Meter Tiefe sich eine breite Zone ebildet hatte, die absolut sauerstoffarm war. Die Renken, die daunter lebten, kamen nicht mehr zu den höher gelegenen Nahngsplätzen und wuchsen deshalb auch nicht mehr. Ein Phänonen, das bislang nur am Ammersee festgestellt worden ist.

ereits 776 wurde „Horscaningun" in einer Schenkungsurkunde er Huosi an das Kloster Schlehdorf erwähnt. Heute ist das ehenalige Fischerdorf zum Hauptort des Ammersees geworden. Ob chwimmen, Segeln, Surfen, Reiten, Rudern, Fischen, Tennis oder Iinigolf – Herrsching kann jeden Freizeitspaß bieten. Außer dem rchäologischen Park gibt es noch ein modernes Tenniszentrum it Ballwurfmaschinen und Videorecorder. Das aber ist nur die

Neben vielen anderen Freizeitmöglichkeiten spielt das Surfen am Ammersee eine große Rolle.

Der „heilige Berg": Die Silhouette des Klosters Andechs hebt sich stimmungsvoll gegen den Abendhimmel ab.

Die Ufer des Ammersees weisen auf langen Strecken noch einen unberührt ländlichen Charakter auf.

eine Seite von Herrsching. Die andere zeigt sich in idyllischer Beschaulichkeit. Mischwälder erwarten den Besucher an einem zehn Kilometer langen ununterbrochenen Uferweg – einem der längsten in Deutschland. In den Ortsteilen Rieder Wald und Wartawe wurden zwei große Erholungsgebiete geschaffen.

Neben Wanderwegen gibt es auch Geschichtspfade: Die im Ortkern gelegene St. Martinskirche, das Wahrzeichen von Hersching, wurde erstmals 1065 erwähnt. Auf ihrem Friedhof ruht de Kunstmaler Ludwig Scheuermann. Zu bewundern ist noch di Scheuermann-Villa, die liebevoll „Kurparkschlößl" genannt wird Sie wurde 1868, also zur Prinzregentenzeit, im Stil des Historimus errichtet. Sehenswert ist auch Schloß Mühlfeld mit seine Sägemühle aus dem 17. Jahrhundert. Vielbesuchte Badeplätz bieten auch Inning und Stegen.

Ungewöhnlich abwechslungsreich ist der Luftkurort Dießen. Hie erwarten den Gast neben anderem Konzerte, Seefeste, Stran bäder, ein Hallenschwimmbad und die älteste Binnensee-Sege schule Deutschlands. Die größte Sehenswürdigkeit ist der „Dieß ner Himmel", nicht zu verwechseln mit dem so oft blaue

Auf einem zehn Kilometer langen Uferweg können Wanderfreunde ihrem Hobby frönen. Wer in den Abendstunden unterwegs ist, dem bieten sich Motive wie dieses.

Himmel über dem See. Hier geht es um eine der großartigsten Barockkirchen Deutschlands, um die ehemalige Stiftskirche „Marienmünster". Sie ist heute in ihrer ganzen Pracht wiederhergestellt. Sehr sportlich zeigen sich die Luftkurorte Utting und Schondorf, was betrifft Bootsverleih und Segelschulen gleichermaßen. In Utting sind Liegeplätze für alle Bootsklassen vorhanden, in Schondorf für fast alle. Uttings Campinganlage bietet rund 3000 Stellplätze. Den besonderen Reiz dieses Ortes machen seine schönen alten Bauernhäuser aus. Und Schondorf wurde schon gegen Ende des letzten Jahrhunderts von Künstlern entdeckt. Allen voran von Wilhelm Leibl, einem der bedeutendsten Vertreter der realistischen Malerei in Deutschland, der hier seine bekanntesten Bilder schuf. Zweifellos zu den Hauptanziehungspunkten am See gehört das Benediktinerkloster Andechs. 177 Meter über dem See gelegen, wurde es um 1415 zum „heiligen Berg" und danach zur größten Wallfahrtsstätte Deutschlands.

Wer es – besonders an den Wochenenden – nicht ganz so hektisch wie auf dem Berg mag, dem ist eine Rundfahrt auf einem der vier Schiffe der Weiß-Blauen Flotte zu empfehlen.

Bläst der Föhn, freut sich der Surfer. Manch einer geht unfreiwillig baden.

Wanderseen

Um den Egglburger See herum nisten rund 170 Vogelarten.

1 Königssee

Eisiges Wasser und bis zu 190 Meter tief – der Königssee ist eigentlich kein Badesee. Doch die phantastische Kulisse macht das wieder wett; sie lockt jährlich Hunderttausende an.

ANFAHRT
• mit dem Auto über die A8/Ausfahrt Siegsdorf, dann über Inzell auf der deutschen Alpenstraße oder über die A8 und Bad Reichenhall;
• mit der Bahn direkt von München nach Berchtesgaden; von dort verkehren Busse zu den einzelnen Urlaubsorten am Königssee

PARKEN
großer Parkplatz in der Ortschaft Königssee am Nordende des Sees

BADEN
am Restaurant Echostüberl

WASSERQUALITÄT
sehr gut

FREIZEITMÖGLICHKEITEN
Wanderparadies, Fahrten mit der Weiß-Blauen Flotte

EINKEHR
Lokale in den Orten am See

BESONDERHEIT
Echowand

Da das Wasser höchstens 16 Grad erreicht, ist der Königssee in der Regel zu kalt zum Baden, das zudem nur in der Nähe des Echostüberls erlaubt ist. Surfen und Segeln ist nicht gestattet und würde auch wenig Spaß bereiten, da über dem See fast ständig Flaute herrscht. Eher ist da ein Hauch von Romantik zu spüren. So soll der wahre König unter den oberbayerischen Seen der Sage nach aus den Tränen der verwunschenen Bergfamilie Watzmann entstanden sein. Und die Einheimischen sagen: „Das Fleckerl hat sich der Herrgott für uns Bayern ausdenkt."
Ein landschaftliches Kleinod, das Jahr für Jahr Hunderttausende von Besuchern aus aller Welt anlockt. Die Weiß-Blaue Schiffsflotte

Der Königssee ist Legende. Im Sommer tummeln sich die Touristen zu Tausenden. Deshalb sollte man die lohnende Überfahrt nach St. Bartholomä außerhalb der Saison in Angriff nehmen.

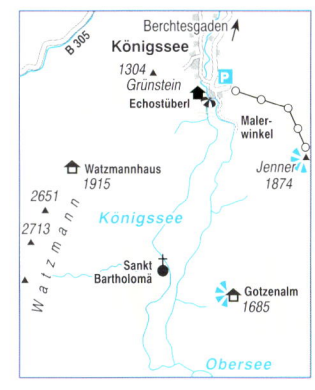

befördert jährlich mehr als 700 000 Gäste über den See. Sie macht damit Defizite an anderen Seen wie zum Beispiel Ammersee, Tegernsee oder Starnberger See wieder wett. Neben dem überwältigenden Panorama mit dem „Steinernen Meer" wartet der Berchtesgadener Gebirgsfjord mit einem einmaligen Erlebnis auf: dem weltberühmten Echo.

Höhepunkt des Königsseegebietes ist das – auf Millionen von Ansichtskarten festgehaltene – Edel-Ensemble von St. Bartholomä. Die Barockkirche mit Jagdschloß aus dem 17. Jahrhundert und der dahinter steil aufsteigenden Watzmann-Ostwand ist am besten bei einem Fußmarsch zum „Malerwinkel" zu bewundern.

Der Königssee hat nicht nur seine Sagen, sondern auch seine Geheimnisse. Dies sind die rund 100 Toten in seinen eisigen Tiefen, die der See nie mehr freigibt. Das größte Unglück ereignete sich 1688, als 70 Wallfahrer einen Tag vor Bartholomäus bei einem Schiffsunglück ertranken. Aufgrund des Drucks, der auf dem Grund des Sees sehr groß ist, bekamen die Leichen keinen Auftrieb mehr und wurden von der Kälte mumifiziert. Denn der Königssee ist an einigen Stellen bis zu 190 Meter tief.

Die Bootanlegestelle für die Weiß-Blaue Flotte. Nicht im Bild ist die Anlegestelle für die Autos: Der riesige Parkplatz befindet sich hinter den Häusern.

2

Hechtsee

Er ist einer der größten Waldseen und traumhaft schön in eine grandiose Gebirgslandschaft eingebettet. Nach einer ausgiebigen Sauerstoffkur bietet der Hechtsee wieder absolut sauberes Badewasser. Allerdings ist er nur über einen Zeitraum von eineinhalb Monaten zum Baden geeignet, da sonst sein Wasser zu kalt ist.

ANFAHRT
• mit dem Auto über die Bundesstraße Kiefersfelden – Kufstein, unmittelbar nach dem Grenzübergang rechts eine steile, aber gute Straße

PARKEN
Parkplatz gegen Gebühr

BADEN
Strandwiese, Strandbad

WASSERQUALITÄT
sehr gut

FREIZEITMÖGLICHKEITEN
Bootsverleih, Wanderungen

EINKEHR
Strandbad mit Selbstbedienungslokal und Kiosken, Gasthaus „Wachtl" und das neue, sehr gut geführte Restaurant „Seearena Hechtsee"

Nur die wenigsten Münchener kennen diesen Waldsee mit seiner idyllischen kleinen Strandwiese. Aber wer ihn kennt, der fährt dort immer wieder gern hin. Das Gewässer liegt zwischen Kufstein und dem nur 200 Meter entfernten Kiefersfelden bereits auf österreichischem Gebiet und ist damit im wahrsten Sinne des Wortes ein Grenzfall. Doch wen kümmert das schon? Das Grenzschild des bayerischen Freistaats findet sich schon längst als originelles Souvenir in irgendeinem Partykeller. Dennoch sollten Sie bei einem Badebesuch Ihren Personalausweis nicht vergessen.

Zur Entstehungsgeschichte dieses Gebirgskleinods: Der Hechtsee ist ein sogenannter Randsee. Diese Art von Seen entstand am Rande ehemaliger vergletscherter Gebirge vor etwa 15 000 Jahren. In etlichen Vertiefungen, die von den Gletschern geschürft wurden, sammelte sich das Schmelzwasser. Gespeist durch zum Teil unterirdische Zuflüsse, haben sich diese Seen bis auf den heutigen Tag erhalten.

Der Mischwald mit seinem großen Buchenbestand rund um den See ist kennzeichnend für diese Region. Der Wald reicht bis an den Schilfbewuchs (mit Teichlinsen- und Schilfröhricht) in den Uferzonen heran. Der Hechtsee und seine Umgebung sind bei den Zoologen besonders bekannt. Denn hier finden Libellen und ihre Larven an Torfmooren, Grundwassertümpeln und langsam fließenden Wald- und Wiesenbächen geradezu ideale Lebensräume. Der Erholungssuchende findet bei einer Wanderung um den See besonders am nördlichen Ufer versteckte Plätzchen, die zu einer Rast einladen. Am östlichen Seeufer liegt ein öffentliches Strandbad mit Kiosken und einem Gasthaus, in dem man vorzüglich und preiswert bewirtet wird. Den Gästen, die meist über die Stichstraße von Kiefersfelden oder von Kufstein zum See heraufkommen, bieten sich attraktive Erholungsmöglichkeiten in einer weitgehend naturbelassenen Umgebung.

Keinesfalls sollte man in den Sommermonaten die Kiefersfelder Ritterspiele versäumen. An diesem ältesten Volkstheater Deutschlands werden Ritterdramen um Leidenschaft, dunkle Machenschaften und strahlende Helden geboten. In dieser traditionsreichen Dorfbühne heißt es von Juli bis August „Vorhang auf!". Zu dem ebenso „erschröcklichen" wie erbaulichen Sommerfestival mit Böllerschüssen und Blasmusik finden sich alljährlich Tausende von Besuchern in der nur 5000 Einwohner zählenden Inntalgemeinde und Grenzstadt ein.

Etwa zweieinhalb Stunden dauert die leichte Rundwanderung Wachtl – Marblinger Höh' – Hechtsee. Es geht entlang des Kieferbaches vorbei am Hechtseesteg bis zum alten Zollamt am Steinbruch. Dann links über eine steile Eisentreppe, die über den Kieferbach führt, hinauf zum Gasthaus „Wachtl". Von hier aus erreicht man nach einer Wanderung von etwa 25 Minuten die Marblinger Höh' mit dem gleichnamigen Gasthaus und einer herrlichen Aussicht auf das Kaisergebirge. Auf einem Steig beim Biergarten geht es weiter zum Längsee und dann entlang des Hechtbaches zum Hechtsee.

Wen das eisige Wasser des Hechtsees nicht schreckt, der kann sich an der Wasserrutsche vergnügen.

3

ANFAHRT
• mit dem Auto auf der B307 Richtung Bayrischzell bis Geitau oder Osterhofen; von dort zu Fuß weiter

PARKEN
Parkplätze in Geitau und Osterhofen

BADEN
nur für Extremschwimmer

WASSERQUALITÄT
sehr gut

FREIZEITMÖGLICHKEITEN
Wanderungen

EINKEHR
keine Einkehrmöglichkeiten in der Nähe

Soinsee

Wandersee

Für normale Badende ist der See zu kalt, nur Extremschwimmer kommen auf ihre Kosten. Für Naturfreunde zum Erwandern in einsamer Bergwelt ein einmaliges Erlebnis.

Badefreuden können in diesem einsam gelegenen und sehr kalten Bergsee nur Extremschwimmer finden. Das nur 4,97 Hektar große Gewässer im Umland von Bayrischzell ist acht Monate im Jahr zugefroren. Der mühsame Aufstieg zum 1459 Meter hoch gelegenen Soinsee dauert über drei Stunden.

Die Wassertemperatur des Gebirgssees ist nur etwas für Extremschwimmer: Acht Monate im Jahr ist der See zugefroren.

122

Dann aber bietet sich dem Wanderer ein unvergleichliches Panorama. Er findet sich vor einem See, wie ihn sich Kinder noch vorstellen. Spiegelglatt liegt er da, ein Spielplatz für Königskinder vielleicht. Geheimnisvoll und doch so klar, daß sogar in der Tiefe die Fische zu erkennen sind, deren Schmackhaftigkeit seit Menschengedenken hoch gelobt wird.

Wer die Schönheit des Sees erleben will, muß Abschied von der Technik nehmen. Bei Geitau oder in Osterhofen bleibt das Auto stehen. Nun geht es zu Fuß am Alpbach entlang durch einen prächtigen Laubwald bis zur Untersteilen-Alm, wo das anstrengendste Wegstück beginnt. Bis zuletzt hält sich der See hinter hohen Felswänden verborgen. Dann aber fällt der Blick auf das unvergeßliche Spiegelbild der am Westufer hoch aufragenden Ruchenköpfe.

4 Egglburger See

Weniger ein Badesee als ein Gewässer, das zum Wandern einlädt, da an dem See rund 170 Vogelarten heimisch sind. Während der Brutzeit von Anfang April bis Ende Juli besteht totales Betretungs- und mittlerweile ganzjähriges Badeverbot.

ANFAHRT
• mit der S5 bis Ebersberg, von dort zu Fuß nach beschildertem Weg;
• mit dem Auto über die B304 (hiervon ist eher abzuraten, da es oft lange Verkehrsstaus gibt)

PARKEN
Parkplätze in Ebersberg

BADEN
inzwischen verboten, Anfang April – Ende Juli: Betretungsverbot

WASSERQUALITÄT
gut

FREIZEITMÖGLICHKEITEN
Wanderungen

EINKEHR
in Ebersberg

BESONDERHEIT
Naturschutzgebiet und Vogelfreistätte

Rechte Seite: Naturschutzgebiet und Vogelfreistätte. Am Egglburger See besteht von Anfang April bis Ende Juli absolutes Betretungsverbot.

Hier haben nicht die Badegäste das Sagen, sondern die Vögel das Zwitschern. Gemeint ist der Egglburger See bei Ebersberg in der Nähe von München. Der im Mittelalter von Mönchen aufgestaute See wurde zum Naturschutzgebiet und 1973 zur Vogelfreistätte erklärt, denn nicht weniger als 170 Vogelarten sind an diesem Gewässer heimisch geworden. Das bedeutet: Während der Brutzeit von Anfang April bis Ende Juli darf das Gelände nicht einmal betreten werden. Das Baden ist inzwischen ganzjährig verboten. Es gibt fast keine Liegewiesen, und eine dichte Schilfzone erschwert den Zugang zum Wasser.

Hier leben Lachmöwen neben Hauben- und Zwergtauchern, die Rohrdommel neben dem Bläß- oder Teichhuhn. Ein acht Kilometer langer Wanderweg mit schönen Aussichten, teilweise am Seeufer entlang, bietet Ruhe und Erholung. Sehenswert ist auch die ehemalige Klosterkirche St. Sebastian in Ebersberg.

Die Klosterkirche ist ein besonderes Juwel, und sie birgt in ihrem Inneren einen silbernen Schatz. Der dreischiffige, eindrucksvolle Kirchenraum entstand durch die barocke Verkleidung einer spätgotischen Halle, dabei blieben interessante mittelalterliche Teile erhalten. Die spätromanische, geschlossene Vorhalle und die Kreuzgewölbe der beiden Türme gehen auf das Jahr 1230 zurück. Links von der Sakristei führt eine enge Stiege zur Sebastianskapelle. Im Altar ist die aus Silber getriebene Büste des heiligen Sebastian zu sehen, die auf das Jahr 1480 zurückgeht. Die Büste mit der Hirnschale des Heiligen gilt als eine der besten bayerischen Silberarbeiten des Mittelalters.

Zurück zum Egglburger See. Geschichtlich erwähnt wurde er schon vor vielen Jahrhunderten. So ist zum Beispiel schriftlich festgehalten, daß vor 900 Jahren der Benediktinerabt Altmann den See vertiefen ließ. Dies geschah vermutlich wegen der schon damals intensiv betriebenen Fischzucht. In unserer Zeit ist der Egglburger See von großer Bedeutung für den Wasserhaushalt.

5 Maisinger See

ANFAHRT
• mit der S6 bis Possenhofen, von dort zu Fuß über Pöcking zum See;
• mit dem Auto über die A95 bis Starnberg, dann auf der B2 weiter in Richtung Weilheim, zwischen Starnberg und Pöcking geht es rechts ab über Maxhof nach Maising

PARKEN
Parkplätze am Seehof

BADEN
kleine Liegewiese für etwa 300 Gäste

WASSERQUALITÄT
gut

FREIZEITMÖGLICHKEITEN
Wanderungen

EINKEHR
Gasthaus „Seehof" und Gasthof Ludwig in Maising

BESONDERHEIT
Segel-, Surf- und Ruderverbot

Ein Natursee mit seltenen Wasservögeln. Der Maisinger See ist weniger ein Badeparadies; eher ist er ein Ausgangspunkt für reizvolle Wanderungen am Ufer entlang und in die Umgebung.

Es sollte von vornherein klargestellt sein: Dieser See ist kein Badeplatz mit allem Drumherum. Nur eine kleine Liegewiese bietet etwa 300 Badegästen Platz. Dieses abseits vom Touristentrubel des Starnberger Sees gelegene Gewässer ist bei einer Tiefe von nur einem Meter eine Brutzone für selten gewordene Wasservögel. Deshalb ist es hier strengstens verboten, zu segeln, zu surfen oder mit einem Boot zu fahren. Wer auch immer den Maisinger See besucht, sollte sich als Naturfreund verhalten.

Das Gebiet rund um diesen Natursee ist ideal zum Wandern. Gut zu Fuß sollte man sein, wenn man zum Beispiel von Starnberg aus den See auf Schusters Rappen erreichen will. Der Weg führt durch

Baden ist zwar erlaubt am Maisinger See, im Vordergrund steht aber der Schutz der Brutstätten für seltene Wasservogelarten.

die reizvolle Schlucht des Maisinger Baches. Beim Gasthaus „See-hof" beginnt auf einem von alten Eichen umstandenen Damm-weg ein verträumter Uferspaziergang über dreieinhalb Kilometer. Auf ihm gelangt man nach etwa einer Stunde in das Naturschutz-gelände.

Es lohnt sich auch ein Ausflug nach Jägersbrunn, wo die älteste deutsche Jugendherberge zu besichtigen ist. Ebenfalls reizvolle Wanderungen bieten sich vom See aus über Aschering nach Pöcking oder vom Maisinger See zum Starnberger See. Letztere dauert rund eine Stunde.

Noch ist der Maisinger See, dessen Licht- und Schattenspiele schon viele Maler fasziniert haben, ein echtes Naturidyll. Allerdings ist seine Überlebenschance stark beeinträchtigt. Denn was wir heute bewundern, ist nur der spärliche Rest des einstigen großen Morä-nensees. Wie schnell seine Verlandung fortschreitet, wird an zwei Zahlen deutlich: Die Wasserfläche des Sees wurde im Jahr 1825 mit 55 Hektar angegeben. 150 Jahre später waren es nur noch zehn Hektar. Der See ist auch nur im Bereich von zwei einfließenden Bächen tiefer als einen Meter.

Zum Träumen geeignet: Der Maisinger See kennt den Trubel des nahegelegenen Starnberger Sees nicht.

Bildnachweis

Alle Photos von Gunther Intelmann, Germering

Zusätzliche Photos von: S. 2 (o.), 10, 37, 43, 48, 53, 59, 62, 70/71, 80, 116/117, 122/123, 125, 126/127: Christine Strub, München; S. 3 (u.), 78, 83, 85/86, 89 (u.): Helga Sittl, München; S. 60/61,121: Fremdenverkehrsamt Kiefersfelden; S. 91: Fremdenverkehrsamt Murnau; S. 94: Gästeamt Immenstadt, Immenstadt; S. 99: Stefan Herbke, München; S. 118/119: Heinrich Bauregger, München

Impressum

© 1998 Südwest Verlag GmbH
in der Verlagshaus Goethestraße GmbH & Co. KG, München
Alle Rechte vorbehalten

Redaktion: Bettina Huber, Elfriede Ledig, Cornelia Zucker
Aktualisierung und Redaktion: Karin Stuhldreier, Ulrike Kretschmer
Umschlag: Michaela Hutschenreiter, unter Verwendung von zwei Photos von Christine Strub, München
Satz/Layout: AVAK Publikationsdesign, München
Kartographie: Achim Norweg, München; Eckehard Radehose, München
Produktion: Manfred Metzger
Druck und Bindung: Gorenjski Tisk, Kranj, Slowenien
Printed in Slovenia

Gedruckt auf chlor- und säurearmem Papier

ISBN 3-517-07669-4